中意法学经典译丛

法的第一课

Prima lezione di diritto

〔意〕保罗·格罗西（Paolo Grossi）/著

张晓勇/译

北京大学出版社
PEKING UNIVERSITY PRESS

"中意法学经典译丛"委员会

主 编

奥利维耶罗·迪利贝托(Oliviero Diliberto),罗马第一大学法学院教授、院长

黄美玲,中南财经政法大学罗马一大法与经济学院教授、院长

学术委员会成员

圭多·阿尔帕(Guido Alpa),罗马第一大学民法学荣休教授

路易莎·阿维塔比莱(Luisa Avitabile),罗马第一大学法哲学教授、法学部主任

马西莫·多尼尼(Massimo Donini),罗马第一大学刑法学教授

马西莫·卢恰尼(Massimo Luciani),罗马第一大学宪法学教授

何勤华,华东政法大学教授,全国外国法制史研究会会长

徐涤宇,中南财经政法大学教授、副校长,中国法学会民法学研究会副会长

黄 风,北京师范大学刑事法律科学研究院教授

唐晓晴,澳门大学法学院教授、院长

薛 军,北京大学法学院教授

编委会成员

多梅尼科·杜尔西(Domenico Dursi)

詹马泰奥·萨巴蒂诺(Gianmatteo Sabatino)

李 俊 游雨泽 顾双双 徐育知

编委会秘书

余 洁

作者简介:

保罗·格罗西(Paolo Grossi, 1933—2022),意大利著名法学家,"新欧洲法律史"流派代表人物。原意大利宪法法院荣誉院长,佛罗伦萨大学法学院教授。

译者简介:

张晓勇,男,安徽省宿松县人,罗马第二大学法学博士,湖南大学法学院副教授、罗马法系研究中心研究员。

中意法学经典译丛总序

"中意法学经典译丛"有着一个明确的目标,即跨越语言的藩篱,将意大利法学诸领域顶尖学者的经典著作呈现给中国的法学家和读者。

所谓"经典"译丛,翻译作品的选择遵循的必定是"经典"这一标准:呈现给各位读者的,是那些来自不同时代,属于不同理论方向,但对当代法学家的培养而言仍然不可或缺的作品。这些历经时间考验的作品,即使距其首次出版已有几十年之久,但仍然在意大利法学研究与教育中扮演着不可替代的角色。

以即将出版的几部作品为例:

圣罗马诺(Santi Romano)的两部著作《宪法秩序的事实构建》和《宪法与其他法学》,分别出版于 1901 年与 1903 年,虽距今已逾一个世纪,但仍被世界各地的公法与法理学家研习,因为二者是法学研究无法回避的出发点。

晚近出版的一些著作也已成为经典。斯蒂法诺·罗多达(Stefano Rodotà)的《可怕的所有权》一书,详细阐述了欧洲社会所有权制度从绝对个人主义到注重社会效用的理念转变,回应了我们这个时代所面临的社会问题。保罗·格罗西(Paolo Grossi)《法的第一课》以简洁的语言描绘了法学的轮廓,成为法科学子的入门"圣经"。

迭戈·夸廖尼(Diego Quaglioni)的《中世纪及近代早期的"正义"》一书,甫一出版便在意大利学界引起巨大轰动,现已成为西方法律思想史领域最重要的著作之一。此外,菲利波·加洛(Filippo Gallo)的《习惯与新型合同》、阿尔多·斯基亚沃尼(Aldo Schiavone)的《罗马共和国的法学家和贵族》、弗朗克·莱达(Franco Ledda)的《行政法中的合同问题》等佳作,都是意大利法学发展长河中的闪耀明珠。

虽然这些作品主题不同、年代不同,作者理论构建的方式也不尽相同,但它们毫无疑问都是经典匠作,并成为了解意大利法学(且不限于此)的必读书目。几个世纪以来,每一代法学家都以不同于上一代法学家的方式建构自己的思想,以修改、更新、纠正过去的观点,但都从未忽视过去沉淀的知识积累。

中国现已成为以法典为基础的大陆法系大"家族"的一分子,在这个意义上,当代中国的法律文化与以意大利为代表的西方数千年的法律传统之间的关系具有超凡的魅力。事实上,2021年1月生效的《中华人民共和国民法典》便是中西传统文化交融的产物,延续数千年的中华文化与建立在罗马法基础之上的欧洲私法传统在这部法典中相得益彰,共同助力于中国特色社会主义制度的发展完善。这部法典的颁布,对于全世界的法学家——而且不限于法学家——而言,无疑是一件划时代的大事。这部法典是法律条文的系统与有序集合,它源自罗马私法,但在体系与内容上同时具有中华历史文化与传统习俗的特色。

事实上,中国拥有比西方更为古老的千年文明。这种从未间断且延绵至今的古老文明,是一种建立在儒家思想之上的文明,是一种道德准则的文明,这与建立在法律规则之上的西方文明大相径庭。因此,对于法学家而言,古老的中华道德文化传统与西方法律传统的相遇无疑是一场独一无二的知识奇遇。

习近平主席曾于2019年3月20日在意大利最著名的报纸《晚邮报》上发表了题为《东西交往传佳话 中意友谊续新篇》的重要署名文章并写道,"中国和意大利是东西方文明的杰出代表,在人类文明发展史上留下浓墨重彩的篇章"。在这篇文章中,习近平总书记在回顾中意两国自古罗马帝国以来两千多年的交往史后指出,扎根在深厚历史沉淀之中的中意友谊培育了两国"互尊互鉴、互信互谅的共通理念",而这一共通理念也"成为两国传统友谊长续永存、不断巩固的保障"。

让中国的法学家们更好地了解意大利法律传统中最优秀

与最历久弥新的成果,进一步促进中意两国在法学领域的合作交流,是对中意两国友好交往传统的赓续,也是组织本套中意法学经典译丛的目的所在。

只有在认识、开发与重塑过去的基础上学会创新,法学才能在世界任一角落发展。一言以蔽之,法学是连续性中的革新。十二世纪的西方哲学家沙特尔的伯尔纳多(Bernardo di Chartres)有句后世广为流传的名言:"我们这个时代的人之所以能看得更远,仅仅是因为我们是站在巨人肩膀上的侏儒。"因此,在本译丛中,我们为中国的法学家们呈现了几位意大利法学领域的思想巨人,而我们都站在他们的肩膀上。

奥利维耶罗·迪利贝托(Oliviero Diliberto)

序　言

这本小书是我个人（教学）经历的产物。多年以来，佛罗伦萨大学法学院给我一项特别"荣誉"：在正式课程即将开始前，让我为学院刚注册的一年级学生开设法学导论课作为入门基础。这一经历让我感到非常愉悦，也弥足珍贵。

正因为如此，当拉泰尔扎（Laterza）出版社提议由我为其快乐书系中的"×××第一课"丛书写《法的第一课》时，我毫不犹豫地答应了，虽然当时就意识到这项任务会很艰巨。

我不想用参考文献方面的负担或者卖弄聪明来使这本小书变厚，而是有意保留上述佛罗伦萨大学课程的基础性和启蒙性，并以这种方式确保：一方面可以满足出版社的期待，另一方面可以满足法律"新生"的需要。为写作这本小册子，我满怀谦虚完成的许多解读应被视作写作的前提。也许正因如此，这些解读应尽可能论述得清晰，并且努力冷静地作检查，虽然这些工作不可避免地在个人视角下进行。

保罗·卡佩利尼*（P. Cappellini）是这本小册子的重要读者。他是一名能同时老到运用法的一般理论与实证私法工具的法律史学家（在他所接受的法律史教育中，这些学科是被统一讲授的）。在此向他谨致谢忱。

保罗·格罗西
2003年2月于意大利基安蒂地区奇蒂乐（Citille）

---

* 卡佩利尼教授曾是保罗·格罗西教授的学生，是享有国际声誉的法律史大家，著名刊物《佛罗伦萨近代法律思想史杂志》的现任主编。他侧重私法史研究，著有两大卷本的《潘德克顿法学》。关于卡佩利尼教授的中文介绍文献，参见薛军：《意大利现代民法思潮》，载薛军：《批判民法学的理论建构》，北京大学出版社2012年版，第338页。——译者注

目 录

第一章 法是什么

第一节　被忽视、被误解与不被了解的法……………003

第二节　被误解与不被了解的历史理由……………005

第三节　还原的开始：法的人文性与社会性…………010

第四节　关于法在"社会"混沌中的起源……………014

第五节　第一项恢复：法表现社会而不是国家………017

第六节　重要的恢复：法作为"社会""秩序"………018

第七节　作为"遵守"：法作为"被遵守的"秩序……023

第八节　再访对法的遵守：法，强制规范？…………028

第九节　守法的性质，一项重要的对比：法与语言…032

第十节　作为"制度"整体的法与语言………………037

第十一节　作为"法律秩序"的法及其多元使命………042

第二章 法的生命

第一节　论述进路提要……………051

第二节　古代:"罗马法" ················· 053

第三节　中世纪:"共同法" ················ 058

第四节　近代:"民法法系"与"普通法系"的历史差异 ··· 065

第五节　近代之后,直至当下的"法律全球化" ······ 074

第六节　法的地理空间:领土 ··············· 081

第七节　法的无形空间:社会 ··············· 085

第八节　法的历史性及其表现形式 ············ 089

第九节　法的表现形式:自然法 ·············· 092

第十节　法的表现形式:宪法 ··············· 100

第十一节　法的表现形式:法律(legge) ········· 107

第十二节　法的具体化:两个用于澄清的限定词 ······ 114

第十三节　法的具体化:"习惯" ············· 116

第十四节　法的具体化:"解释—应用" ·········· 121

第十五节　结语:法与权利 ················ 130

附录　无国家状态下的法:自治概念是中世纪宪制的

　　　基础 ························· 135

译后记 ·························· 157

第一章
法是什么

第一节　被忽视、被误解与不被了解的法

法（il diritto）不属于有形的符号世界。我购买的乡下地基似乎与邻居家的不易分别,如果我不在二者间添一堵围墙的话;一栋外国大使馆的房子,作为该国领土的延伸部分,可能看起来与相邻的房屋没差别,如果门牌没有指示出它的特别之处;使意大利与其他国家得以分开的边界线会无法识别,如果边界处没有可见标志,或者没有警察或海关官员来盘查往来人员。

法依赖那些有形符号来确保有效交往。不过,即使没有这些符号,靠法的非物质性的标记,我乡下的地基、大使馆的房屋、一国的领土是且仍保持自身特殊的差异性存在。

这种非物质性给普通人带来一种神秘性,并且由此产生首要的理由——基于此,法为一种不被理解的固定结构所围绕。进一步地,(法)有神秘性,而且相当令人厌恶。

这确实令人生厌,因为对于今天的普通人而言,法所表现出来的以下两个方面都丝毫未使它变得更受欢迎——一方面,它像从高处、远方落到人们身上的雨,亦如从屋顶上落到行

人头上的瓦片;另一方面,它被认为是权力、命令或权威的命令,让人立即回想起最令人讨厌的法官与警务人员的形象,并伴随着进一步制裁与强制的可能。

  因此,对普通人而言,所有这些使得法成了敌对的存在;不管在何种情形下,成了某种不相干的存在——让人觉得其与我们、我们的生活隔着十万八千里。这导致对公民和法的一种双重消极后果:法与社会有两相分离的可能危险,一方面使公民更加贫困,因为一件对民事生活重要的工具从其手中脱落;另一方面,使法实质上被流放于共同意识之外,使熟识法的法学家被放逐在角落里,极少能参与到整体的文化循环中。

第二节　被误解与不被了解的历史理由

直至昨日,类似的消极后果均是不可避免的。我认为不应将之仅仅归咎于普通人的忽视,这会让他们承受沉重的责任负担。

因此,这也是彻底不公平的。实际上,类似后果是最近两百年间欧洲法律史上一些主导性的、决定性选择的结果;这些选择为政治权力与法之间最紧密的、全新的关系所固定。

在现代进程中,政治权力化身为国家,即一个趋向于控制所有社会现象的总括性实体(una entità totalizzante),已经显示出对法日益增长的关心——非常清晰地将之视为其紧密结构的重要黏合剂;18 世纪末,这种关切大大增长,以致达到全面垄断法律领域的程度[1],彻底地否定了几个世纪以来作为一项旧制度[2]结果的保守态度。

实际上,正是在那些年里,于 1789 年法国大革命拉开序幕的世俗神话学[3]之中,立法神话最清楚地显现轮廓:作为最高权力的意志表达,制定法(la legge)不言自明地被视为与公意(la volontà generale)的表达一致,并借此成为法的唯一值得尊重与严守的产生手段。只要是制定法就足以成为迷信的对象,并非因其内容值得尊敬。将制定法等同于公意,接着将制定法等同于法,也导致制定法的全面国有化。

然而,我们在下文将会看得更清楚,国家只是社会的结晶(cristallizzazione)。即使在民主国家,国家也只是一种权力机构、权威组织、命令策源地,法则仍明显保有自身特点。因有公意神话[4]的有力基础,直到今天,对制定法最稳固的信仰几乎未受触碰。一方面,因为政治权力不可能没看出这是管理社会的有效手段,其秉持眼观六路的策略;另一方面,因为法学家智识上的懒惰,满足于扮演制定法迷信爱好者的形式角色(虽然这对于他们而言仅仅是一碗不足道的红豆汤*)。

在法学家中,法律史学家更不容易满足、更为警觉。神话使得历史的复杂性和鲜活性被置于标本(le imbalsamazioni)之下,法律史学家厌恶这种防腐保存的做法;(历史的)生成(un divenire)本需要从容与更多的闲暇,他们觉察到现代法律神话恰恰非常有害地终结了该生成过程。习惯于从炽烈的社会经济文化力量中把握法的产生,他们感觉到巨大的危险——正是这里我谈及的,法律外衣与历史脉动两相分离,后果是因法自其所从属的生命线脱离,[5]它只剩下一副干瘪的样子。

---

* 《圣经》里有为了一碗红豆汤而出卖自己长子权的故事。——译者注

第二节　被误解与不被了解的历史理由

现代法的退化进程不可阻挡：制定法是一种命令，一种权威的、专制的（autoritario）命令，一般性的命令，不可争议的命令，静默地服从于它的本质使命。由此，制定法倾向于固定在文本中，闭锁在一纸文本中——借助该文本，无论谁都能阅读以遵守它。文本本身就是封闭的、不动的，很快布满灰尘，陈旧不堪——生活则在不断地急剧变化。然而，通过法学家不断侍奉法律文本，文本的权威在持续地增强。

回到我们的出发点。因命令有时也是任性的，普通人从法具有强烈的强制性的现象（manifestazione）中觉得法陌生、疏远、不值得信任及畏惧，他们并没有错；他们通常从与法官、警官或税务官的交往中获得这种印象。他们没有错，因为在我们欧陆最近的两百年里，上述概括勾勒的印象已经得到固化。

那些对待文化谨慎的法学家会考量：在最近的两个世纪里，法处于一种严重的化约（riduttiva）操作中，这实质上是一种粗暴操作，其强烈地改变了法在社会中的位置，而这带来的消极后果是，法的形象在集体意识中被曲解。

在现实中强制命令处于文化循环之外，有成为一种疏离之实体的风险：不仅疏离于穷人，也疏离于全社会，因为它处在历史变迁之外，处在所有人辛苦的、不断的、日常的生息（il divenire）之外。[6]

注　释

[1] 关于这种"法律专制主义"（assolutismo giuridico），参见我试图在 *Ancora sull'assolutismo giuridico (ossia: della ricchezza e della libertà dello storico del diritto)* 一文中完成的总结。该文收录在我主要研究这个沉重且沉闷的法律现象的论文集中，当然这个集子也包含一些其他主题。参见 P. Grossi, *Assolutismo giuridico e diritto privato,* Giuffrè, Milano 1998。

[2] 用"旧制度"这个短语来翻译法语用法里的"ancien régime"，人们用它来指法国大革命前的社会、经济、政治与法律文明。这是一个等级结构的文明，保留着一些中世纪残留，甚至有些历经了漫长的"现代"（15—18世纪）进程。其中，法仍主要立基于古老的习俗之上。

[3] 所谓神话学，即那些无法证明的结论的集合，它（神话亦复如是）不是基于理性认识，而是基于信念。

[4] 这涉及一个"神话"，是因为"制定法是忠实反映人民的意志，而不仅仅是有政治权力者的意志"是一个待证明的命题。

[5] 就现代文明将一些历史（亦即最具相对性的）方案神话化（即专制化），我在一本小册子里作了反思。参见 *Mitologie giuridiche della modernità,* Giuffrè, Milano 2001。

第二节 被误解与不被了解的历史理由

［6］进一步的澄清，可参见我最近的一篇论文：*Modernità politica e ordine giuridico (1998),* in *Assolutismo giuridico e diritto privato* cit.。

第三节　还原的开始：法的人文性与社会性

今天要讲对法的还原，也因为当下所发生的只是获胜的市民阶级肆无忌惮（spregiudicato）之策略的后果，是肆无忌惮之工具化的结果——使得法律现象发生扭曲。如果人们能在近来的现代性畸形下成功发现更客观的面向，像过去曾在其他历史场景里所发现的，像现在在欧洲大陆的当代场景里所发现的，至少像在那些更敏感、更开放的法学家的意识里已经发现的那样，还原将会发生。

我们将在后面作出更多阐释，这里要紧的是先要关注这项还原，并且要开始不用变色的眼镜来观察法。消除对法的误解，就有希望终止对它的放逐——法被强迫远离年轻人的教育计划，它的养成能力不被了解，实际上被排除在生气勃勃的高中课堂，在一些职业学校里会很有限地介绍些简单的专业知识。

因而，我们并不容易的进路就是陪伴那些非职业法学家（首先是那些准备学习法科的学生），去发现被误解的事物的本质问题。为此，我们先从一般问题出发，它们对理解法是必

第三节 还原的开始:法的人文性与社会性

要的,虽然还不是如此的典型(tipizzanti);接着为我们的目标计,可以通过进一步澄清来强化理解,并将其与邻近的或类似的事物作出区分以免混淆。

法的人文性,确实是我这里要坚持强调的第一点。假设化学家、物理学家以及其他自然科学家可以通过阅读书本了解所钻研之科学的内容,法学家却不可能这样做——在排除人的活动的纯自然现象里,也没有法存在的空间。就像一位古罗马法学家所简洁有效地警示的那样,"人的原因(hominum causa)是原始的、发展的、确定的。"[1];他的意思是法是由人、为人而诞生的,与人类活动在时空上不可分割地相互关联。

总之,法不是写在那些尚在等着人去参与的物理景观之中,而是写在或长或短的历史之中,即从古至今,人们不断地用智识与情感、理想与兴趣、爱与恨编织而成的历史。正是在这由人创造的历史之内,也仅仅是在其中,法才得以安身。

人类的真相,即复数的真相。我们假设有一个宇航员独自登陆一个遥远且荒芜的星球,独自在那里生活,这个孤独的人若一直待在那里,就并不需要法,他的行为也不会被认定为有法律意义。法实际上是一个主体间的现象,是多人间的关系,这表明了法本质上的社会性。

如果说在人类现象中,有些是在主体内心中孕育和繁荣起来的,在外部只有间或的表现——道德和宗教现象是很明显的例子，那么，法以人们之间的交往为必要。法的内容（我们随后将用术语阐明）正是该交往。它提示我们，法是以关联为必要的现象，它就是关系。这可能涉及万国社会，如国际共同体，也可能涉及从事买卖财产的两个主体，涉及一个亚马孙河岸的小的原始部落，或涉及一个拥有庞大组织机构和权力的国家。交往总是必要的，它将个体经验转变为社会经验。

第三节 还原的开始:法的人文性与社会性

注 释

[1]赫尔莫杰尼安(Ermogeniano)的话。该片段收录在《民法大全》(il Corpus iuris civilis)中,该书于公元6世纪由东罗马皇帝优士丁尼主持编纂完成,是罗马法之伟大体系;更准确地说,该片段收录在其中《学说汇纂》(Digesto)部分的第1编第5章第2个片段(简称D.1,5,2)。

第四节 关于法在"社会"混沌中的起源

就法的人文性与社会性,我们已经谈及,但这远远不够,需要向前推进。

有人会问:每一个社会的集合体能同时被认为是法律的集合体吗?那些人云亦云地将法理解为强制命令的人会认为,应将法与权力联系起来,特别是擅于斗争的(agguerrito)、更具总括性的政治权力。

当我们将小型原始部落和民族国家这两个相对的社会放在一起,且从完善它们的组织和权力方面来观察,从上一节已经可以得到一个隐含的答案,更明确的答案是:凡有多人相遇之地,就会有法。

这句格言可引导我们抓住法的特质,导向不可避免的、进一步地追问:法会存在,然而何时存在呢?至为清楚的是,社会系法不可分离的产地,然而不是每一种社会现象都是法律现象。若确实如此,在社会学里法会被混淆和被遮蔽(spegnerebbe)。它是一门将社会作为整体现实来研究,以每一社会事实作为其研究客体的科学。

第四节　关于法在"社会"混沌中的起源

为努力获得有效理解,可以一个例子作为开始——在一些法学经典著作里曾被提及,我们想对它予以发挥。这是一个绝对悖谬的例子,但像每个其他悖论(paradosso)一样,其中包含着某种确定的真实核心。[1]它涉及一个族群一小队人的一次并不稳固的聚集:一个公共办公室外的一行队列。这群蝼蚁般的人彼此间没有任何实质关联,在一个短暂的时间里偶然在一个狭小的空间聚集。这场聚合没太多意义——社会学家也觉得没啥值得考察的;作为昙花一现的景观,看起来也没有什么社会重要性。

这些说法都对,不管对于社会学家还是对于法学家来说都是如此。不过,假设在队列出现混乱之际,一个胆大者振臂一呼,提议让大家把乱哄哄的队伍"组织"得更好,而所有人都赞同这项提议并且"遵守"。正是在此,在这个临时的小联合体里,在意大利共和国的弹丸之地上,我们已经发现了法产生的奇迹。这个昙花一现的队伍,变成了法律共同体——法在这里产生,虽然确实也只是昙花一现。

上述悖谬的例子可以用来真切地说明一个不成形的、混沌的社会现实变成法律现实所依赖的要素与缘由。正因此,它不同于简单社会现实里所有的那种炽热(incandescenza)。在所举的那个队列的例子里,不同的因素有二:一个是"组织"因素,或准确地说是"自组织"因素;另一个是对于组织规则(le regole organizzative)的自发"遵守"。法的全部奥秘皆在此。

注 释

[1]文本中相关的经典著述是指,S. Romano, *L'ordinamento giuridico (1918),* Sansoni, Firenze 1946, p. 35; W. Cesarini Sforza, *Il diritto dei private (1929),* Giuffrè, Milano 1963, pp. 29-30。

第五节　第一项恢复:法表现社会而不是国家

考虑到即将深入研究上述两项因素,这里要先就排队的例子所得出的启示,作一些有限澄清。

确实,我们可用队列的例子来检讨一定条件下法的产生——甚至是在微小的、转瞬即逝的社会集合体中,我们也可由此得到第一个确定的结果(approdo)。法并不必须与政治、社会上的权威实体相联结,也并非必须涉及那个庞大的权力机构即现代国家,虽然直到今天的历史事实显示,充斥在我们周围的是国家对法的垄断。

法必须关涉的只是社会——最错综复杂的实体,它的每一部分、每一分支都有产生法的可能性,即使是在公共办公室前的队伍。这并非庸常的澄清,相反,它使得法从权力限制性的、侵辱性(mortificante)的阴影中走出来,并且返回到社会母亲般的怀抱里——法就是被用来表现社会的。

这样,我们可以更好地分析那两项因素。

第六节　重要的恢复：法作为"社会""秩序"

"组织"：法组织着社会，在社会内部发生混乱的争论时形成秩序（mette ordine）。法首先意味着一种"秩序"（ordinamento）。

秩序这个术语在法学文献里被频繁使用，特别是从伟大的意大利公法学者圣罗马诺（Santi Romano）以来——1918年他将之用作他一本成功的、幸运的、开创性的学术评论的题目，随后成为他的学术标志。[1]之于法律现象，这也是一个能让人回忆起正确的、恢复性观念的术语。我们尝试去抓住（法律现象）繁多的、清晰的、特殊的面貌。

法的本质不是在于它是一项命令，而是在于它是一项调整行为（atto di ordinare），使利益从其产生的主体（或要求该主体）向组织化需要的客体移转。从某些方面看，（法的）客观方面得到显现且在其中直接主宰。

实际上，形成秩序意味着要考量秩序现象的特征，因为要仅以该特征为前提考量它们，而非用暴力进行，以（实现）有效调整。调整意味着总是尊重社会的复杂性，这构成调整意志真正的、妥当的界限，防止该意志退化为纯粹的主观评价，即任意

第六节 重要的恢复:法作为"社会""秩序"

而为。

还需要强调另一个方面:组织首先意味着不同主体在一起,虽说他们保持着各自不同的个性,但却由一个共同目的来协调;组织也可以在超级秩序与次级秩序(sovraordinazioni e subordinazioni)中具体化。只是,这超级与次级的地位被包含、被吸收进集体的协调性(un coordinamento collettivo)中——去个人化后,协调会在很久后呈现逐渐清晰的等级。实际上,组织总是意味着客观方面的首要性,它的结果使得组织共同体中的每一个成员受益;组织总是意味着超越个人的孤岛地位,以追求有秩序的实质后果,即共同体生活本身的实质后果。

还原法的实质秩序方面还有进一步的意义,这并非不值得考虑。不是自上而下地,也不是靠强制力推进,而几乎是自下而上地要求,只有通过法并且在法之内,成为法律秩序,共同体才知道如何在历史竞争中取胜,这就是共同体的保全之道。

由此,普通人只是因为联想到法官、警官的可怕形象,才觉得法很可怕。这揭示出法和社会同样的属性,被书写在社会隐秘的深处。像一位作者最近所持的远见卓识:法不再是一种温和的东西(una realtà mite*),[2] 因为法的秩序面向排斥温和,该面向在确认客观性、集体性优先的过程中变得严厉;不

---

* 该短语也有"公道的东西"的意思。——译者注

过,法肯定与所处社会的性质相同,归属于生理学而不是病理学*,虽然病理学因素更惹眼、明显。

视法为一系列权威命令,或像人们经常秉持的(观点),法是担保进行全面的社会控制的技术,这总是冒险将鲜活的历史与社会相剥离。正因鲜活的历史,社会得以避免——至少趋于避免命令的严苛性与实际控制的固化。作为秩序的法是社会的经纬本身,像支撑社会防止其衰败的网络。法源于社会的深处,因其自然的弹性,完美地依附、融贯,法紧跟社会的持久发

---

* 这是理解保罗·格罗西法律思想的一对重要范畴。生理学是生物科学的一个分支,是研究生物体及其各组成部分正常功能活动规律的一门科学。生物体也称有机体,简称机体,是自然界中有生命的物体的总称,包括一切动物、植物和微生物……生理学的任务是阐明机体及其各组成部分所表现的各种正常的生命现象、活动规律及其产生机制,及其机体内、外环境变化对这些功能性活动的影响和机体所进行的相应调节,并揭示各种生理功能在整体生命活动中的意义……长期以来,医学中关于疾病的理论研究都以人体生理学为基础,反过来,临床实践也能检验生理学理论是否正确,并进一步丰富和发展生理学理论。(参见朱大年主编:《生理学》,人民卫生出版社2008年版,第1页)病理学,是研究疾病的病因、发生机制、病理变化、结局和转归的医学基础学科。学习病理学的目的在于,通过对上述内容的了解,来认识和掌握疾病的本质和发生发展的规律,为疾病的诊治和预防提供理论基础。(参见李玉林主编:《病理学》,人民卫生出版社2013年版,第1页)这与历史法学家萨维尼的立场一脉相承,源流关系清晰可辨。萨维尼批评那些从不法概念出发寻找法的本质的法学家:"他们通过这种方式将否定方面置于首位,这种做法同以下做法一样,即我们为了认识生命的法则从生病的状况出发。"[参见〔德〕萨维尼:《当代罗马法体系》(第一卷),朱虎译,中国法制出版社2010年版,第258页;〔英〕哈耶克:《法律、立法与自由》(第一卷),邓正来等译,中国大百科全书出版社2000年版,第153页以下]当下我国民法学中流行的请求权基础方法也有这种从病理学出发的嫌疑。——译者注

第六节 重要的恢复:法作为"社会""秩序"

展。社会厌恶锁链(catene vincolanti)——若接受与社会之历史性相应的标准,则(可知)锁链会妨碍其自发的调适。

以这种方式,即可操作我们所说的"还原"的最核心部分:回归社会与环绕它的文化,因历史的偶然变化,二者一度相互疏远。一如既往,社会重新成为法的一个不可消除的存在方面。

法处在社会的中心——在我们论述完遵守(la osservanza)这个因素后,再回到这个重要主题,它就会被更好地界定。

注　释

　　[1]参见 S. Romano, *L'ordinamento giuridico (1918)*,同第 16 页注释[1]。感兴趣的读者可以去读 1946 年该书在佛罗伦萨出的第二版,作者本人主持编辑该版本,顾及了对该书第一版以来的重要批评;因此,第二版的价值也在于反映了该书第一版与第二版之间近三十年的理论讨论情况。圣罗马诺(1875—1947)是意大利公法领域的杰出研究者之一,因为这本书,他也在法的一般理论领域占有最重要的地位,扮演最重要的角色。[2013 年米兰鸠弗雷(Giuffrè)出版社出版的圣罗马诺的作品集"*L'ultimo*"一书中收录了该书第二版。——译者注]

　　[2]参见 G. Zagrebelsky, *Il diritto mite. Legge diritti giustizia,* Einaudi, Torino 1992。因其所提供的法律的开放、自觉视角,我强烈推荐法科新生去读这本小册子。

第七节　作为"遵守":法作为"被遵守的"秩序

如题,因为法不仅仅是秩序,而且是被遵守的秩序。

应当慎重对待遵守这个概念,因为它可以包含根本不同的内容;遵守也可以意味着对权威命令,甚至是专制又邪恶的命令的被动服从——其中,遵守的价值空间被限缩到最小或完全被取消。

现代的法律专制主义也已经习见法律被(社会)一般观念厌恶,甚至为德行高尚者内心所拒绝,但为避免被现行权威(potere costituito)干涉(reazione)也只有忍受、遵守。其中,最让人觉得丢脸的例子——我最近几年不断有这种感觉,就是(出现)数目众多的带有种族主义意识形态的法律,即那些将一个种族世置于另一个种族之上的法律。[1]

这样的遵守只是一种奴役(servaggio);不管从恶法制定者的角度看,还是从其服从者的角度看,这都是法的病理的恶化。就像我们之前列举的排队的例子很好地揭示的那样,生理学意义上的遵守,使得任何秩序成为法律秩序,这种遵守本身以对支撑它的价值的明确意识为基础。形成有秩序队伍的提议,来源于队伍中的成员,并为本无秩序的小团体所遵守;因为其客观上维持良好,能有效地从当下的无序转化为将来的有序。真正的法秩序从共同体的价值位阶中汲取营养获得生命力,这种生命力只能产生于感性的确信(una convinzione sentita),从而取得稳固性,无须靠政府的强制力量来维持这种稳定。

价值——有人对此嗤之以鼻,会使人立即想到那些绝对的不可置疑的价值——道德的和宗教的,就是那些属于个人领域的、被置于主体内心深处确信中的。我们要正确地理解价值,避免误解。

价值是一种原则或行为,集体意识认为需要强调并将之从一系列难以辨识的原则与行为中选择出来、独立出来;通过选择和独立可以避免其在难以辨识之系列(原则与行为)中的相对性,毫不犹疑地确认其绝对性,将之建构为模范。当然,如果说伦理和宗教领域是价值的典型领域,那么历史王国也能超越相对主义风气,价值经常得到良好滋养。

历史价值位阶是一个社会的根基,是长期沉淀的结果,也是艰难赢得确定性后的收获,而且,在几个世纪的辛苦后,演变为该历史共同体的财富。广泛的和开放的民族精神(ethos)通常叫作风俗(costume),而且能标识一个民族(ethnos)。[2] 需要作两点基本的澄清:(风俗)生活于历史中,从历史中汲取活力,它并没有被写下来——不管是以物理属性的形式,还是在

第七节 作为"遵守":法作为"被遵守的"秩序

所谓不同的生物学数据中(一个极端的例子:种族);另外,它代表一种模式,否则不会被遵守,只不过它是通过利用时间的经过使自身丰富,留下痕迹。也正是在时间长河的缓慢影响下,集体意识才得以形成。

有一点,虽然已经提及,还需要再次被强调:价值总是有根基的现实(realtà radicale),即有关根基的,有根基的是指法律从中而来且从中得到滋养的面向。有时人们说,法是覆盖在社会现实之上的形式。这种说法非常片面,因为形式仅仅是社会秩序的极端表现——依此,很外在;相反,如果深入挖掘,它确有日常生活表面的部分,但更是将价值从其藏身的隐秘处带到这个表面上来。

在这个意义上,用来作为我们理解之路开始的排队的例子是有误导性的:既然队伍是昙花一现的,它就并非真是法所遴选之地。前文曾讲过,对于我们来说它是一个矛盾的例子,用来说明法可以从政治权力难分难解的拥抱中解脱,恢复其社会性的面向,回到各种社会表现形式中。如此来看,它服务于一项有挑战的任务。不过现在需要澄清:短时间的区隔(la scansione)不适于用来解释法;大树需要持续的长时间段[3]稳妥地扎根。

这就是有根基的现实(realtà di radici)。我想说的是,法也许是共同体拥有的,使历史保持鲜活的更有意义的方式。它不是阻碍共同体自由生长的干瘪的表皮（una corteccia rinsecchita）或铁甲（una corazza）。我们不是在这里编织并未被要求的辩护词，但若该要求一旦被证实，我们就有义务这样做。（当下）该义务已经被确认，因为法已经被工具化——可以由法学家，或由更常见的、广泛的政治权力给定。进而，法的形象与功能走样（deformato），如果不是被翻转（stravolto）的话。这是法的病理学，是它在令人厌恶的悲惨面具下的病痛。

  如果在生理学意义上，法是社会所遵守的秩序，那么，这指的是处于历史性中的社会；这种立场绝对不是无关痛痒的。法在这个方面的核心是恢复——有必要承认，这仍然有待充分实现，要紧紧抓住这一点，就像我们被它捆绑住，不能脱身（不首先表明这个意思，我们无法详尽地往下描述）。

第七节　作为"遵守"：法作为"被遵守的"秩序

注　释

[1]比较，例如1998年出版的《佛罗伦萨近代法律思想史杂志》中"导读页"提供的澄清，该文副标题即"写在1938年意大利颁布种族法60年后"。

[2]实际上，"ethos""ethnos"应是两个希腊词的拉丁文音译。第二个词的意思是人民或民族，即首先以特定风俗(ethos)找到统一的共同体。这些风俗在历史变迁中汇集，成为民族的身份标识。风俗还有其他的身份意义，包括政治意义，虽然这不是主导性的。

[3]20世纪法国历史编年学中一种颇有价值之潮流所主张关注的"持续的长时间段"，才是真正的历史中的时间。因为那些重要的历史事实，只有在其中才能得以"成熟"；其中包括法，它不是什么季节性盆栽，而是一棵大树。

第八节　再访对法的遵守：法，强制规范？

是时候将论述推进一步，扫除可能的障碍，即清除可能的误解。细心的读者也许已经发现，我们总是用"遵守"，而不是"服从"，对此如何理解（aspettare）呢？这里我们应给出如此使用的理由，并且，更好地确定"遵守"的内涵。这个词本身的含义也有些飘忽——在病理学意义上，有时它也有奴性地遵守（ossequio servile）的意思。

因为其通常表达消极心理意义，我们没有用服从这个词；实际上，服从往往意味着消极地屈从一项权威强令；服从行为往往对应着命令行为。然而，法并不是命令的集合，虽然在流俗意识中我们经常将二者等同。基于已经作出的将法作为社会秩序（un ordinarsi della società）的确认，我们应当反思强制性的品质与程度。

如果法是有效[1]秩序，因其有效，继而被追随、被遵守，那么，显而易见它源于规则（le regole）。清楚的是：规则的根源在遵守之中，而遵守的根源在其与现行秩序之间的价值关联之中。[2]在这些规则中确实有一定的强制性，但该强制性总是会

第八节　再访对法的遵守：法,强制规范?

受到组织事实(fatto organizzativo)复杂性的过滤,也内在其中得到过滤。

准确地说,法并非直接成为命令,因为它存在于一个与价值有紧密合作关系的客观世界。法首先生于规则,既存于自发秩序化的社会(la società auto-ordinantesi)。

这不涉及背离法的规范方面,而是要限缩它的作用与意义。从法产生于社会自发性,即从法酝酿(diritto colto)于社会的原初性(la genuinità)与本质性方面考虑,其主观性与强制性在客观方面的主导下必然缓和。实际上,秩序乃超个人的构造,它的基础在于社会有机体的整全性与复杂性,在于传统的恒常性,在于人的行为的反复性与典型性,这里没有任性的空间,没有个人分派(frazionismi individualistici)的空间。因为那种相互合作的客观关系不会有以下的权力属性:粗暴地划分上级与下级、导致命令者与消极服从者的地位不同。

当它成为权力机关的一部分,如处于国家之中——严格意义的政治属性将凌驾于社会属性之上,法会转化成强制性规范。社会秩序负担着主权实现问题转变成政治秩序考量的代价,后者亦具有自上而下与钢铁般权力特征的统治秩序。

用粗疏的眼光来看,即用近前与当下的视角来看,政治国家看起来是法诞生、生长不可或缺的天然硬壳。然而我们应当

更深刻地反思:就法的恢复,即返回到更广阔的社会深处,国家只是一个历史偶然事件。这种返回,将会褪掉法之上权力的、强制的、变质的历史硬壳。

第八节 再访对法的遵守:法,强制规范?

注 释

[1]正如上文所述,其"有效"因为奠基于价值。

[2]伟大的、活跃的意大利民法学家法尔泽亚(A. Falzea)主张以价值哲学为核心的法学视角,即法立基于价值世界。即使只是读他这本著作的开篇,法科新生也能得到有益启示。Cfr., A. Falzea, *Introduzione alle scienze giuridiche. Parte prima. Il concetto del diritto,* Giuffrè, Milano 1992.

第九节　守法的性质,一项重要的对比:法与语言

以上关于守法的论述相当概括,对于初学者而言显得抽象且晦涩。因而,需要使它变得更具体进而好把握。看一下发生在语言领域的情形,将是帮助我们更好理解的有效手段。

在最近的两百年间,至少从19世纪初开始,即始于历史法学派[1]对此的直觉(le intuizioni)思想,人们就不断返回到法与语言的比较这个基础。正确地说,我们也能从我国学者那里得到确信,即一位敏锐的意大利语言学家的权威告诫:"如果它不知道汲取与其对应的语言学成果,法学极度羸弱的状态,将会持续下去。"[2]

法和语言有着共同的平台,[3]也许这对粗心的观察者而言显得离现实很远。首先,就它们内在的社会性、不可或缺的主体间属性而言,一个生活在遥远星球的单一个体不需要它们,既然他茕茕孑立,就无需法也无需语言。其次,就其基本的工具属性而言,它们调整(ordinano)着人们的社会生活:语言使有效的交流成为可能,法使和平的共同生活成为可能。实际上,前者是这样的社会秩序:从小孩咿呀学语开始,其最终促成

第九节　守法的性质，一项重要的对比：法与语言

成年人的顺利对话。后者则是这样的社会秩序：其调整我同邻人的交往，或与生意伙伴之间的合意。

还有另一个最重要的方面，会使我们的比较富有启发性，且与我们这里要澄清的相关：遵守的品质，对应着一个法学家使用的术语，即规则的规范性。[4] 不管是对于法规则的使用者，还是语言规则的使用者而言，这种遵守的品质都是一样的。事实上，这种遵守中（主动）接受的成分超过（被动）服从。

说话得体且正确的人，这样做不是为了服从规则，而是怀着一种信念，即以这种方式与同伴建立一种有效的交往关系。排队的人们有着完全一致的态度，大家遵守秩序不是为了服从，而是基于组织化提议（la proposta organizzativa）的固有价值信念，以及自发秩序化。

用"遵守"而不是"服从"，本书想强调的是，对规则的这种接受不是被动的，而是带有神经方面、心理方面的确信以及认知。当遵守法与语言规则时，个人会进入一种团体合作之中——遵守（la sottomissione）的姿态有自发色彩，也是客观化的（si oggettivizza）。

在生理学层面，（类似性）也是不可否认的。在病理学层面，二者开始出现不同：在法秩序中，制裁是激烈、不可迟延的，（病态）会导致行为（un atto）无效[5] 或招致人身惩罚。需重申的是，法的病理学坚持上述论断。

也不尽然。不那么细心的读者,或许会记得大多数人所说的:许多法学家曾使用、现在仍使用"制裁"这个概念;还会记得舆论界辛辣且激烈的理论争鸣,他会感到惊讶:在本书里没有相应的言论。是作者没注意到,还是忽视了?我的理由非常简单,也是现在要予以完整澄清的。所谓的"制裁",被定义为用来确保守法,或者,惩罚违法行为之措施的集合,其实对于法结构、法生理学而言,它只是一种外部策略。我们总是常常为在政治国家里发生的事情所迷惑——那是一个权威秩序,其中法变形为命令,制裁的严格事实(前提)(l'evento terribile)是命令的规范附属,是命令的必要部分。但这里的附属涉及绝对的假言事实:可能的违法。

在我们看来,对制裁的说明,也可以用来说明强制,即权威秩序中所采用的物理强力,它能有效抑制不法(例如,通过将其拘禁在监牢,剥夺某人的自由)。

第九节　守法的性质，一项重要的对比：法与语言

注　释

[1]"法的历史学派"指一个著名的(法学)思想流派,其在19世纪上半叶的德国表现得最完满,该学派的领军人物系德国伟大的法学家萨维尼(F. C. Savigny)。该学派的文化纲领首先在于将法从明显源自启蒙运动的理性概念(una concezione razionalistica)中解放出来。启蒙派将法置于一种静态几何学下视之为不动的。该纲领重估后认为,法的产生完全来自历史力量,包含非理性的力量,这些力量向个体的、共同体的日常生活施压。在将法视为一般的、抽象的法律(leggi)之外,至少在历史学派的原始主张里,倾向于强调风俗、习惯的自发出现,继而在学术思考建构里得到整理(重述)(ordinato)。更完整的学派纲领出自萨维尼在1814年出版的小册子《论立法与法学的当代使命》。这本小册子及激烈论战肇始于反萨维尼的另一位德国法学家蒂堡(A. F. Thibaut),双方争论是否要将日耳曼法(il diritto germanico)法典化这个大问题,即是否要模仿法国在19世纪初期所完成的法典化。参见 G. Marini, *La polemica sulla codificazione,* Esi, Napoli 1982。

[2]这个语言学家是G. 德沃托(G. Devoto, 1897—1974)。凭借对法律现象持续的、聪明的关注,他很好地表明了在语言研究与法学研究之间相互穿梭,可获得增益,包含方法论方面。文本中引用的句子,来自 G. Devoto, *Pensieri sul mio tempo,* Sansoni, Fi-

renze 1945, p. 116。

[3]在思考这个交叉问题的法学家中,有些人的论述深具启发价值——相当久远但仍鲜活。有关法哲学家的论述,参见 P. Piovani, *Mobilità, sistematicità, istituzionalità della lingua e del diritto (1962)*, in Id., *La filosofia del diritto come scienza filosofica*, Giuffrè, Milano 1963;有关民法学家的论述,参见 S. Pugliatti, *Sistema grammticale e Sistema giuridica*, in Id., *Grammatica e diritto*, Giuffrè, Milano 1978。

[4]即规则的强制功能(la carica imperative)。

[5]未遵守法规范关于有效行为(un atto)的规定,会立即引发法律秩序上的相应后果。最严重的,即该行为无效。试举一例说明:当事人想写一纸私人遗嘱,即"自书遗嘱",应以书面形式亲笔书写、亲笔签名。若有人要求只是以口头声明来固定自己的临终意愿,将会像我在正文里所言,会被判决遗嘱无效。在法律层面,该行为就像自始不存在。

第十节　作为"制度"整体的法与语言

就这个主题,语言学家和法学家(更准确地说,部分法学家)均会谈及法和语言是制度的整体。[1]起作用的"制度"这个概念,并不容易被接受,需要至少立即澄清它的实质核心。如此,对于理解这本为初学者写的书的意图,会大有助益。

制度所指的是一种超个人的作品——由于不断反复的个人行为,共同意识(la coscienza comune)向外投射,且超越个人意志与冲动的不稳定性,同时构成制度存乎其中的价值的、功能的、组织的关系结点。通过其在整个社会经验中的稳定生活,该结点趋于具有一种独立的真实性。

这种随纯理论论述而来的晦涩,通过一个例子将会神奇地被消解。这个例子可以从所谓的私法构造的巨大保险箱里顺利获取,即从市民日常生活的私人方面的法律分支(la organizzazione giuridica)中获得。

这个例子内容如下:一方当事人向对方当事人移转财产,对方支付价金的一系列行为,叫作买卖;在今天的意大利,从现行《意大利民法典》第1470条及第四编紧接着的条文,我们可以找到关于买卖的细致规定。但不能想当然地说,上述规定就是1942年立法者的发明。像许多其他的立法者一样,《意大利民法典》的立法者只是有限地采撷实践智慧(una sapienza),并将之翻译成法典规则。实践智慧源自有关立法、法官判决、大师思想、公证员发明的古老传统——所有这些的最遥远源头在于反复的、典型的社会实践(una prassi sociale)。这些社会实践受到朴素的善良感情(un elementare buon senso)的启发,并被有效保持与持续遵守。

制度(l'istituzione, istituto),如买卖,并不是诞生于《意大利民法典》的规定,而是源自最古老共同体的自发组织(la spontanea auto-organizzazione),来自对特定动作与行为效力(la efficacia)的确信,即对遵守它们妥当性的确信。换言之,在极其明亮的历史实验室里,也就是在原初社会,或至少是那些保持简单秩序的社会里,它们已经被清楚地揭示。就像法学家所说的,在那样的社会中,法表现于习惯(consuetudini)中,即表现于反复的集体行为(fatti)中。具有反复性是因为,这些行为总是能得到更具一般性之确信的支持;同时,在它们反复的稳定性(la costanza)中,可发现习惯有约束力,即规范性。

对于我们这些生活在现代鼎盛时期的人,社会生活的方方面面都复杂得难以想象,还不仅仅包括最近的科学技术化。一切都被僵化的权力机构笼罩,结果即被那些矫揉造作的不同

第十节 作为"制度"整体的法与语言

层次的命令笼罩。这些命令被用来支配、管理复杂的社会生活。要当心的是：这些机构不可取消（否则代价是无政府主义），它们自有其功用；但是，这给法学家带来沉重的文化代价，即"公法"大获全胜，"公法"绝对地凌驾于"私法"之上，"政治"垄断社会生活的每个方面，法本身的存在迷失了。

如上所述，在现代化进程中，随着法进入更完善的权力机构，即国家之中，在公共秩序的巨大压力背后，我们发现法原初的性质与功能发生了实质性转变，它被用来发挥政治权力矫形器的作用，即成为社会控制工具。由此，像我们之前提及的，它的整个现代形式化约为制定法（un complesso di leggi），即主权者命令（comandi sovrani），表现为法源阶层形式，包括立法大全（明显地），不断式微的习惯——直至其衰退和被局限到"合乎法律的习惯"这种连婢女都不是（non-ruolo ancillare）的角色，即处于重复、注释（立法）的层级。

实际上，社会控制要求尊重制定法的首要地位、最严格的合法性（legalità）原则，同时，激烈压制法组织（organizzazione giuridica）的自发形式，即习惯现象（il fenomeno consuetudinario）。此外，国家控制中，刑罚经常占有鲜明的主导地位，即与特别严重的违法紧密联系，也就是与社会—政治有机体的重大病理相关联；进而，刑罚被引入权力机构对后者的抑制或强制活动中。

对我们法学家而言，代价由以下迷误构成：我们警觉不到，制定法（la statualità）曾是历史偶然的产物，而我们却将之绝对化了；并且，我们将一个异常相对的法概念绝对化了——不管是在时间方面（现代产物），还是在空间方面（欧洲大陆）。

法与语言的接近，其制度维度的恢复，使得我们转向重现它的原始作用。制度是法秩序的核心；法秩序是制度的综合，它在我们上文阐明的意义上，表现为出众的制度现实（realtà istituzionale）。

然而，它也有助于获得且增益我们的当代意识。制度渗透进社会生活，它就是（具体）经验本身；与之相反，规范在本质上是抽象的[2]，等待着下一个时点的到来，等待着它的外部适用转化成具体的（法）。恰恰因为其超个人的结构，制度由二元分离的主观方面与客观方面构成，而且在任何时候，能超越各种本质为极端主观主义的、权力与强制的视角。恰恰因为其与社会的自发调整与安排相关联，制度有着宝贵的多元性使命。相反，因其和国家、主权的紧密关联，法的合法律性视角（una visione legale e legalistica）带给我们今天不再受支持的法的一元主义（un monismo giuridico）。

第十节 作为"制度"整体的法与语言

注 释

[1]关于法学家,提及前文已涉及的圣罗马诺即可;那些有特别重要价值的语言学家,包括当今伟大的意大利学者 G. 南乔利(G. Nencioni)。他于1946年在佛罗伦萨出版过《语言学中的理想主义与现实主义》。我们的法科新生可去读该书1989年在比萨的重印版(比萨高等师范学校,文学与哲学课出版物,第5辑),会从作者经教学中的批评而进一步作出的若干澄清中获益。关于将语言(也包括法)视作制度,试比较该书的整个第十章。

[2]因为规范来自社会之高层,落在目的隐匿之人群的头上,携带着权威命令,抽象于具体情势、个人意志。

第十一节　作为"法律秩序"的法及其多元使命

至此,我们采取的路线确定地获得了一种自由的迹象:明确法指向社会,而不是社会的结晶,即国家,更重要的结果是恢复社会的多元论,避免国家的一元论。

我们说过,当下,国家作为趋向于总括性的实体,在更严格的团结(compattezza)中来实现这一点。它意图不惜任何代价追求团结,并用不可忍受的单一工具来达致之。国家封闭于与外界隔绝的状态,对外仅仅与类似的国家实体对话,对内限于简单、强硬地提条件。基于这些条件,规则越过纯粹社会规则的令人困惑的中间地带,成为法律规则。不遵守这些条件会产生可理解的后果——不法性;或者如果国家认为不构成对公共秩序的严重侵扰,后果也就微不足道。

法律经验应当符合主权者意志所设定的行为模式;该经验应在合乎法律(legalitaria)的层面得到发展,有法律必依。因为控制是完美的,法律应当具有一般性与严格性,清晰且确定;应当是成文的,写在每个公民都能阅读的文本中;得到承认的是(就像已经得到承认的):不知法律,不能成为抗辩的理由。总

第十一节　作为"法律秩序"的法及其多元使命

之,就法与法学家而言,现代国家主义(lo statalismo moderno)转化为严重的一元论,而且持续于整个现代性之中。即使在政治专制主义结束之后,法律专制主义(un assolutismo giuridico)仍与经济自由主义愉快地共存。

之前提及的一切(后果)已经出现,这里还要重申,以突出论述多元主义(il pluralismo)——追求法与秩序(l'ordinamento)的同一性。秩序指涉社会,社会所有的纬度与复杂性(la complessità)都反映在秩序之中。首先说复杂性,它在国家团结面前显得很突出;其次是纬度,以意大利为例,社会是比意大利国家广泛得多的现实(realtà),难以被国家如其所意欲确认的那样完全包围。

正如发生在整个中世纪的情形,[1]一个无国家的社会—政治—法律世界,一个完满地实现同一领土上多元法律秩序共同有效的历史世界。该情形继续部分存在于现代政治专制主义的初期,直到旧制度(l'antico regime,在法国直到1789年的大革命)的终结。基于最简单的理由,不管是昨日的现代全权国家主义(il pan-statualismo moderno),还是今天的现代国家主义,得到证实的都是:国家,即使是最完善的国家机器,一定程度上也无法阻止与社会中更深刻之根基相连,并且成为风俗的动力学。

我们继续说一下复杂性。它意味着不同,意味着根据不同生活、劳动共同体的不同反映（le diverse proiezioni），在整体性内部作细微的区分、刻画，从政治到经济，再到突出特定社会阶层的、职业的、嬉戏的、根深蒂固的与乐于接受的特定态度。我们发现，这些共同体成员不仅沉浸在国家秩序中，也沉浸在他们有特别关联的私人秩序中，包括双重的或直接是多重的法律方面——仅是国家秩序不能穷尽这些方面。

  并非想做不实用的清点，而仅仅旨在展开论述（dare sangue al discorso），我们要确定用一些重要例子来说明同一片领土上多元法律秩序共存。有一个宗教方面的实例，在其两千年的历史中，罗马教会一直要求，不仅要针对其信徒制定法律规则，而且直接建构了最典型的法律体系，即教会法，并要求得到国家尊重，甚至承认——在意大利所发生的就是这样。1947年的《意大利共和国宪法》第7条规定：国家与教会有"各自在其自身秩序内"的"独立"与"主权"。国际共同体是一个更大范围的法律体系，其通过创立国际组织澄清原则、制定规则。骑士共同体在过去不久的时候已经解散，他们是骑士法体系中铁一般规则的制定者，因其基础在于强烈的荣誉感，他们有着特殊的行为习惯、制度、法院和法典（con costumanze comportamenti istituti corti giudiziarie codici peculiari）（在有些情形，如决斗时，由国家判罚与执行）。[2]在私法层面，赌博共同体或运动员共同体作为规则的制定者也常被谈及，提纲挈领地说，他们

第十一节 作为"法律秩序"的法及其多元使命

被置于国家之外,因其强推国家不承认的价值,这些价值强化了由共同体之特有典型性(la tipicità esclusiva)而来的技术规范的结构。

特别是在私法领域,即私人孕育用来保护那些国家机构保护不充分的利益和价值的法部门,相关例子会更多。[3]在这门法的启蒙课中,作如下对照就够了:在社会广阔、纵深的空间里,如果到处渗透的国家机构看起来与立法一起,是唯一的法的生产者(il produttore di diritto),一侧有法典,一侧有判决得到最严格遵守的法院,那么还有那些以特定价值之名自发调整(auto-ordinarsi)的共同体,它们也有规则。

要点是不能从那种观察国家生命力的角度来检讨与评价它们的法律生命力,因为这会使我们觉得它们只是被讽刺的、引发充分好奇的破玩意儿,如果不是使我们直接认为它们不重要而无视,或认为它们为违法的而需消灭与打击。视之为不重要的和违法的,系片面的国家主义的评价。

应在它们的内部界限之内,多元地观察,从而突出真正的法律秩序的特征。虽然仍被国家的巨大阴影支配,法律世界能以其自身整体的本位主义(particolarismo)方式得到揭示。

为照顾到初学者,我没有花时间脱离生活实际来进行理论推演,但我觉得有义务补充:我们对生活在其中的历史线的感受,会导向重要的多元主义。

毫无疑问，今日国家正陷入危机，旧式的法条主义（il vecchio legalismo）也陷入危机；选举的地方，正是法源产生的地方、法律生产的地方，这种观念却未遭受同样的质疑。因国家的能力不济、效率不高，我们协助去形成、发展与国家官方法（il diritto ufficiale statale）平行的法——发现更适合的法律制度，以调整新的经济、技术（形式）。私人冲动的大河，自发流动，固定自身的规则，通向私人审判。

法律全球化[4]现象的积极、消极意义，均受到关注，因为这种现象正在扩大，而且将来会愈发如此。在本书阐述的评价中，全球化现象表现为一种最有生命力的私法秩序。

因此，今日更胜往昔，法律世界穿过多元紧张关系，在增长的法律秩序的多元性中被碎片化，其中每一法律秩序均要求自身的原创性与独立性。

第十一节　作为"法律秩序"的法及其多元使命

注　释

[1]更清晰的论述,参见本书第二章第三节。

[2]在许多私人性质的名誉评审团(i giurì privati)之外,1888年佛罗伦萨建立了一个永久性的名誉法庭。该法庭随后由 J. 杰利(Jacopo Gelli)主持,他在19世纪末期编辑了《附评注与判例注释的骑士法典》,即"杰利法典"——严格遵守骑士共同体规则的最权威汇编。该书有许多精美的版本(我手头有该书的第15版:Hoepli, Milano 1926)。

[3]可阅读那本我们已提及的意大利法律思想经典之作,见第16页注释[1],W. Cesarini Sforza 书。最近用多元秩序来解读国家—私人关系的作品,参见 Salvatore Romano, *Ordinamenti giuridici private (1955)*, ora in Id., *Scritti minori*, vol. I, Giuffrè, Milano 1980。

[4]比较本书第二章第五节相关部分。

第二章
法的生命

第一节　论述进路提要

如果法的使命旨在调整有历史的人群(la storia umana)，那么可以预见：其有在历史经验中具体化的明确使命，这是不可或缺的一个方面。就像经验内容所揭示的，法自有其生命，可融入社会、经济、政治结构中。认为法是一种社会控制，即权力与命令，这是一种颇具意味的投降，只注意到法的命令结构而对其生命相当忽视。因此，我们选择的路径就是关注其生命，并应具备这样的意识：法是关涉经验内容的，会不断延续与更新。

法绝不是高悬在历史景象上空的云彩。历史景象本身就是法，或者是法基本的、典型的成分。因此，法会考量不同的时间、空间条件，根据其所渗透历史环境的不同需要，而有不同的表现(manifestazioni)。这些表现形式被解释与应用，转化成具体历史内容。产生(genesi)、表现、解释与应用都是在历史中将法具体化的事实；产生与应用，作为法律过程中的两个极点，在一个完美统一的过程中是不可分离的。

以上是基本的事实，初级读者会不断地感受到其明显的合理性。这里本书作者之所以强调这一点,一方面是为了那些还没有任何"前判断"的纯粹入门者;另一方面是为了其他法学家,那些有太多"前判断"的学术同仁。应用是一个像立法一样的创造过程,这经常被遗忘并遭现代法律科学歪曲。后文对这一点将会充分澄清。

本书欲描述法之生命的主旨,它由下列内容构成:考察沉默历史时期中的法,这将对我们当下的分析有很大助益(我们决不要忘记,法是一个社会生活在自己的历史中的最忠实的方式);考察其在不同空间过去、现在、未来的发展;进行比较分析——既有纵向的,也有横向的,该分析将还原现行有效法只是长期进程(linea)中微小的一个时点的身份,以试图总结其所赖以成为历史内容的方式与工具。

实际上,正因为时间、空间两方面的比较,扩展了我们的考察、扩大了我们的生活,我们将达致三种结果——这本小书趋向的、也启发我们的认识——理解现在;感觉到历史进程的意义,在其中能找到其现在的位置;构成一个起点,由此我们得以建设未来。

第二节　古代:"罗马法"

已经仔细读过前文的初级读者,现在能够基本获悉——法,像世界本身一样古老。通过民族志,尤其是通过民族志学者的研究,我们已经了解到不同的法律风俗(costumanze giuridiche)。其中跟微观组织起来的部落社会相关联的,也许属于更原始的、更雏形状态的(形态)。

无疑,那也是法,因为它也是总被遵守的制度。不过,我要马上补充的是,这些法律形式将应用中的法源组织成规则。该法源主要以口头习惯的形式在有限范围内生效,虽然长时间内一直延续着,直至当下,但并没有在历史上留下深刻痕迹。

古代保有精致文明(civiltà raffinate)中法的形式,当下的学术传统也不忘论及"东地中海法""古希腊法",它们传递给后人某种有机的规范、实践与制度实体。然而,古代法制均处于一种持续千年的法律经验的阴影里,我们通常用一个表示时间短暂的(lo sbrigativo)但准确且有效的词"罗马法"来称呼它。说该词短暂,是因为没有考虑到它复杂的、五彩斑斓的发展进程,即从公元前5世纪一直到公元6世纪。说该词准确有效,是因为它还原了古罗马世界的特殊身份,建构起一个对西方历史上每一时期均深具影响的法律文明。[1]

在西方,若希腊文化的价值在于通过柏拉图和亚里士多德,给予人类哲学意识;通过欧几里得,用数学术语来解读世界,那么罗马文化的价值无疑在于以法律术语来解读政治、经济、社会。若在东地中海、希腊,开始用制度、规范的法律词汇来表达社会变迁,那么唯有在罗马,用复杂的法律词汇构成完善的语言来调整、确定难以驾驭的社会经济事实。

新的文化、职业人格,即法的语法学家——法学家,开始在历史舞台上出现。几个世纪以来,历代罗马法学家在精炼、深刻的、连续发展的多样工作中,建构起其解读技术、分析风格。该风格主要利用逻辑工具在概念与类型中得以方便地固定。他们学习伟大的希腊哲学与数学逻辑,虔敬地利用这些工具来驾驭事实本位主义(il particolarismo fattuale)。

这一切构成接近社会—经济领域的独立方法,在更有力的方法论基础上,独立科学开始显现。于是,现在社会—经济现实能在法律视角下得到考量。现在可以正当地说,在哲学与数学思想之旁有可靠的法律思想。

由此,可以推论出罗马法经验的首要特征:虽然立法者与裁判官作出不容忽视的贡献,但它首先是一群法学家的劳动成果——自公元2世纪末至公元3世纪初的几十年间,他们进行

第二节 古代:"罗马法"

了非常高水平的学术活动。总之,罗马法首先是学者作品,也是个体学者的产物。同时,它被要求予以创造、反思、定义,被此后的建构超越——必须一致地追随从拉齐奥城邦到大帝国的巨大转型。

因此,罗马法是学术法。学者不打算(protesi)建构一种疏离历史的纯抽象理论,而是很好地融入权力及其行使——他们想为法提供重要的支撑架构(apparecchio),后者经常作为法的象征。这一点是真实的,虽然他们是学人。

最富启发性的进一步说明是:他们为整个庞大的统一政治结构工作,这个结构被他们傲慢地认为是永恒的。同时他们并不轻视(理论上的)体系建构,这个体系是由一贯的逻辑结构支持的有机统一体,很好地表达了罗马统治稳定性、永久性的法律计划。

体系两次涌现,也是后续文明的两种模范。

第一次源自学术分析:在罗马法学家的分析中,术语、构造、概念具体表现为一种极其出色的严格模式,即使只是简单的、但颇受欢迎的原始决疑术。体系建构的路线稳定地成为不同历史时代的典范。严格的论证、完美的形式,这种优雅的体系在公元4世纪(i trecento anni)达到顶点,即古典时期。其在近代被强烈地推崇、欣赏。罗马法,尤其是古典罗马法,后来成为严格的(法律)几何学体系的基础。

第二次指向罗马法学家中的骨干,他们不脱离时代,很好地融进古罗马的政治结构与统治阶层。他们的构造、类型形成一种最大程度上以财产、归属为基础的文明,为个人主义经济作好准备。实际上,他们的知识主要是民法的,带来所有权、物权、契约、债、遗嘱、遗赠与法定继承等领域的严格秩序。他们对类型、形式的抽象嵌在财产的背景下,实质上给予富人与有产者特权。于是,为未来的资产阶级时代,即为有产之政治经济阶层建构出重要的法律技术支持——(后世)复兴古典罗马法(romano-classico)知识,尽管中间有一千多年的漫长间隔。实务法学家认为罗马法是社会保守主义的工具,并非没有根据。

读者会注意到:罗马法经验的历史重要性引人瞩目——法律科学在那里自有其土壤,法学家创造出知识工具(arnesi),他们完成了一套法律语法,罗马法得以发挥典范作用,并超越该文明本身及其历史延续。但基于下文揭示的理由,它的典范作用在中世纪十分有限,在近代经验里则非常透彻。

第二节 古代:"罗马法"

注 释

[1]若想读一本在古罗马文明整体与千年来内部历史发展的基础上对罗马法进行研究的清晰而富有信息的综合性作品,可参见深具启发的:*Diritto privato romano. Un profilo storico*, a cura di A. Schiavone, Einaudi, Torino 2003,特别是主编写的导读部分。该书只研究了罗马私法,就像我将在后文里说到的,古罗马法学家的学术活动实质上只关注私法。

第三节 中世纪:"共同法"

近代个人主义与世俗主义,反对中世纪宗教团体主义、整体主义(il corporativismo e l'integralismo)。关于二者的地位的激烈争论,对近代罗马法的幸运复兴帮助不少。实际上,中世纪法追随其所忠实表达的文明类型之命运:该文明类型已在公共意识里被推翻,然后轮到那些还被掩埋在废墟里、仍遭忽视(如果说不是蔑视的话)的中世纪法(经验)。为回过头来谈论中世纪法并获得注意,需要(近代)破坏性的资产阶级意识形态减少些陈陈相因的片面观点,还需要开始怀疑那许多(看似)无可置疑的,多少未曾得到证明的(对中世纪法的)历史指责。这些条件在过去的几个世纪里得到具体实现。

同时,(检讨中世纪法)是一种从被歪曲的看法得到解放的动力,一项对因视角不完整而过于僵化的法律史意识的收益——这意识限于抓住古典时代与现代的连续性,置近千年的(中世纪)法经验于不顾,而将之化约为过渡时代、承上启下的时代,进而,从发展的眼光来看,(中世纪法)没有什么价值。

(检讨中世纪法)是解放的动力与一项收益,使20世纪的

第三节　中世纪:"共同法"

法学家得以着手处理它们——当时资产阶级教义的确定性由于不妥当的法而受损害。这些不妥当的法拥有更为人所熟知的用语,传递给那些试图重建法律大厦的人,饱含催促的信息。

然而,这就是中世纪法的典型形象吗？为什么它被那些受资产阶级时代法律神话妨害的人理解为诱惑(sollecitante)？我们试图就这样一个相当复杂的问题给出尽量简洁的回答。[1]

中世纪法在两项空白处得以缘起、取得其形式,且因为这两项空白造就其深刻特质:随着古罗马政治大厦崩塌而产生的国家政权空白,与政治大厦紧密关联的精致法文化的空白。乍看起来,这似乎意味着一种倒退、糟糕的形势;(实际上)相反,这两项空白虽然仍待填充,却建构起历史的飞地,适宜充分新颖的、充分原创的法经验的发展。

在一个诞生于废墟之上的时代,作为庞大整体主义政治主体的国家缺位,剪断了法和权力及其社会控制功能之间的联系,使法获得自由并与自然的、社会的、经济的原初性事实重修旧好。法能在充分尊重事物本质的基础上规范它们。新法极少受惠于杰出的、谨慎的与有条理的(disorganici*)立法者设计,而是更多受惠于日常生活经验的自发沉淀。不同时空的法

---

* 该词原意为不系统的、紊乱的。基于前后文逻辑,译者疑有误,故对原文语义作相反调整。——译者注

差异很大，以满足不同的实践需要。可以在富有活力之习惯充斥的地方，发现新法得到表现与巩固。

解释这些稠密习惯结构的，不是理论家，而是像初民[2]社会一样（理论家缺席），是从事实践的应用者——法官和公证员，他们拙于法技术，但富于感受性。他们有能力"发明"大量的、有效的法形式来回应（社会）需要。

在欠缺一个强有力的中央控制的情况下，法被具体应用，成为这个小共同体中林立的离散社会关系的忠实表达。这些共同体包括家庭、超家庭集合体、宗教团体与同业团体。它们在一个无序肆虐的时代，保护个体，保障其生存，为整个社会政治与经济秩序安置支撑的架构。从法律史的角度观察，中世纪第一阶段显现出事实性的（fattuale）法律经验。因为它立基于原初事实，源自底层的、习惯的多样性（这一领域拥有法的多样性渊源的生产者，他们给予这一领域的现存秩序以多样性生命）。

直到中世纪第二阶段，这幅法律风景画的主线并没有发生变化。从 11 世纪末期到后来的一般意义上的文化复兴，政治国家继续缺位，解释习惯结构的任务传递到学者手里——他们在新生的大学里执教。

但欧洲社会已经开始从静态的农业社会转入频繁的商业关系发展中，形成由特殊习惯（i fatti consuetudinari particolari）所规

第三节 中世纪:"共同法"

范的,很难用感受(捕捉到)的变动不居的复杂结构。当时需要一般类型来调整新的复杂关系。如果一定程度上,制定一般规范的立法者(还很边缘)不能提供这种类型,就会导致,也确实导致官方性的、严格意义上的法律科学的诞生(首先是普遍意义上的)。

新生的法律科学并不轻视几个世纪以来的旧有习惯,但在实践领域,它给予古罗马法文献作品以权威——基于古罗马法所信服的与新添加的原则与规则——罗马教会经过几个世纪对罗马法进行提炼、保护、固定下来。中世纪成熟时期的法律科学在零散发展的习惯之上,增加了一件大胆的解释性"外衣",它不受限于在欧洲林立的成千上万的政治区域——地方性的习惯与制定法继续与普遍的"学术法"共存,后者服务于解释与统一零碎的特别法。

中世纪的法律多元主义,因为庞大政治国家的阙如而产生多元效力,允许和方便以下两个层次的共存:考虑自有法的低级层次,即地方自治法和高级的共同法。"共同法"有双重含义:它的整个地理辐射范围是共同的,覆盖实现欧洲法统一的整个文明区域;也因为其构成同时吸收了古罗马法与教会的法律智慧。

准确地、历史地理解以下的说明意义重大:首先是关于"学术法",它由一种想要处理那些数量庞大作品的法律科学所建构；[3]其次是关于科学，它没有覆盖物（coperture），也不存在于固定的政治机构的权威性中，不能被确定地遵守。关于这样一门科学，其信任和依赖对罗马法与教会法的孤独（作业），欲以"解释"自许——（学者）以一群对罗马法与教会法渊源的"解释者"自许。关于形式解释（formalmente di interpretazione），即形式上尊重它的渊源，但明智地、创造性地做实质操作——在其积极角色中，自觉而警惕地作为权威文本与当时社会需要之间的媒介，从容地将文本的刚性顺应当下的迫切需要，进而建构起新的实质法。

他们手中的有力工具是关于法的衡平视角（una visione equitativa），即基于衡平的视角——这个概念我们可以这样传递给初学的读者，即面对确定的权威规范性文本（如古罗马法文本），法秩序所采取的灵活态度。因而，也是以一种精确态度来重新激活文本里的法律形式所调整的社会事实。为使文本在炽热的社会生活中发生效力，牺牲形式的严格性以使之可资利用。因为法是适宜的秩序，而不是强制。

中世纪成熟期（11—15 世纪）的法，表现为一种学术构造，但处理方式与同样作为学者作品的罗马法不同。实际上，罗马法嵌入权力机构，它变得越来越强有力，直至在现实政治中真正转化为国家的。国家给予学者坚定（sicurezza）的权力来固定他们的结论，来提出严格的、也是僵硬的形式结构。中世纪的科

第三节　中世纪:"共同法"

学没有这种坚定性(sicurezza),其理论构造往往属于分析的,总是通过关于事实与需要的持续更新来把握。毫无疑问,这里存在体系,但法秩序采取一种现实的视角,不断调整自身。

我们就此作结,回答关于中世纪法经验实质形象的初步提问。在下列情形,它获得完满表达:作为"共同法",首先是学者作品,其次是法官作品;在任何意义上,它都是源自法学家,而不是政治;它应当保存在这样的人手中,他们某种程度上谨慎地利用一笔特殊财富——类型与技术,也是从法律术语(sub specie iuris)解读社会的一笔特殊财富。

"共同法"是勤劳、敏感的法学家阶层几个世纪以来的作品——远不是纯粹几何学的描绘,而是创造性地安排了中世纪与后中世纪的现实;其不满足自限于民族国家的范围,(效力)也不是来源于军事帝国的权威,而是多元地与制定法、地方习惯,或源自教会、领主阶层和商人阶层的特殊规则联姻。

历史进程表明,"共同法"的基础有瑕疵,即法规则的不确定性;在15世纪之后,戏剧性的是,对此的理论观点的分歧变得不可调和。"共同法"的危机——在欧洲大陆的许多地方,它的生命一直苟延残喘到18世纪——主要是确定性的危机。因而,它被坚定地废除,也坚定地祈求以新方式来构想法,并实现之。

注　释

[1] 想深入理解,可以参考我们所给出的概括性观察的说明,参见 P. Grossi, *L'ordine giuridico medievale,* Laterza, Roma-Bari 2002^9。

[2] 人类学与民族志意义上的"初民"。在此文明中,习俗与人之间的关系不相称,主体立基于自然,甚至完全受到后者限定。这些事实,直接是现象性的、主导性的。因此,我在下文称之为事实性的法律经验。

[3] 我们只要提及那些世界著名的、有学术权威的法学家就好,他们中有些人超越了时代局限:13 世纪的佛罗伦萨人阿库修斯、14 世纪的马尔凯人巴托鲁斯,以及他的学生佩鲁贾人乌巴尔迪的巴尔杜斯(Baldo degli Ubaldi)。

第四节　近代:"民法法系"与"普通法系"的历史差异

近代法的典型形象完全是另外一种情形,表现为全新的历史场景中往往更巨大的、有着总括性使命之政治主体的出现,即国家。因为国家的缺位,中世纪的法经验能够渴望和自由地寻求其法渊源——开始在惯常的实践中,而后在洞察出普遍社会需求的伟大法律科学里寻找。

从14世纪开始,这时还有着与过往连续的深刻轨迹,但也指示着骚动着的、严格的、新气象的进程,未来发展之确定根源的进程。历史主线完全表现为新政治实体的产生与发展——表明在这个路线上它们计划的全新性,即构成断裂、彻底地断裂;它们嬗变为普遍性的政治架构;它们要占领和控制其领域里的每一个人、每一种社会现象。

法亦复如此。法律史几乎出现翻转,其动因不一定是突然的(因为历史不识突然性),而是缓慢但却确定地不断发展。君王的身份急剧转变,即如今成为绝对权力—主权的持有者。与中世纪的君王不同,后者主要具有最高司法者的资格,只是民众的伟大复仇者;针对社会中的法秩序,后者在实践与科学之外，只进行很少的立法（leggi）。现代君王察觉到法的基础性价值：法具有政治的维度。因而，他们决定控制法，将立法权置于权力工具库内。立法成为主权的首要行使对象。

君王往往成为立法者，结果，法（il diritto）也总是制定出来的。对于我们而言，这与实验性的历史先驱法兰西王国紧密相联：从14世纪到18世纪，即截至革命及伟大的拿破仑法典编纂；这是对旧的传统法源的进一步腐蚀。自反面言，即是王（Re）的立法性生产的继续膨胀，在之前自远古就保留着由习惯调整的领域呈最大化蔓延。

后果是重大且沉重的，也是多种多样的。法收归国有，或者说特别地被限于一个单一国家的地理范围内；而欧洲大陆往往更类似于一个群岛，由众多的小岛也即单一国家组成，以前它们只是政治岛国，而今也是法律岛国。在每一个岛国的内部，君王都意图成为法律现象的控制者，这往往丢掉了之前作为特质的多样性，而转变为笼罩在主权阴影下的紧密实体。从多样性，从共同现存有效的不同制度转变为统一的领土范围，朝明显的一元论迈进。

我们要先好好地描述一下控制的严密工具：制定法具有高于其他所有法现象的首要地位，因此有这样一个等级——其他的法源居于次要等级，它们的自治地位与生命力被裁减。情势日益恶化，在绝对确信与不容置疑的基础上，上述进程接受了

第四节 近代:"民法法系"与"普通法系"的历史差异

一个精致的神话结果——在革命前,如果说作为立法者的君王被巧妙地任命为从容的解释者,独立于公共福利的、激情的唯一免疫者,从而也是法唯一有效的制定者,那么,在革命后,因为可表达出公意的制定法的公理地位,[1]控制者和等级直接覆盖上民主的光环。

更为消极的后果是,政治权力与法之间形成的近乎必要的强制关系,后者也包括长期为私人法(diritto dei privati)所滋养的私法。法受到政治权力的单方面影响;人们总是将此与资产阶级的成长关联起来,强调法律的必然性色彩,但赢得18世纪革命胜利的资产阶级并没有成立这样一个法律部门——突出资产阶级价值,要求最大化保护(tutelatissimi)。

开始于14世纪,完结于18世纪末期的这一历史漏斗的底部,是欧陆法史中富有意义与分量的事件,即法典编纂——在法国,于拿破仑一世时宣告完成。首先开始编纂的是很难驾驭的民法,所有的法"被套上笼头"——千万条款被体系化组织,并包含在几编里被称为法典。这是令人钦佩的伟大作品,然而也是至为自负的行为,作品中蕴含的是最全面的控制。

因为当时人们相信能以纸质文本固定法——(实际上)如我们所知,法具有鲜活历史性,所以所谓"自负"是非常明显的事实。之所以说"最全面的控制",是因为法典趋于达到两个结果,虽没有得到完全实现:成为国家的排他性规范和一国法律方面的完整形象。欧陆及其殖民地的近代成熟文明,热烈、真挚地相信法典,19世纪,法国法典形式的模仿者迅速增加。

我们不能作进一步阐释。若这是一本法史书,那确实必要。[2]本书的主旨要求我们强调一个本质形象,即法律的现代性——法的国家化。法律受制于国家,在一定程度上,国家成为将不明确的社会规则法律化的唯一历史主体。法仅表现在国家的声音即立法中。如果它形式上不是唯一的法源,那么实质上也确实如此。因为它处于一个不能逾越的等级的顶端。旧的法律多元主义被取消,法律专制主义永久占据着文明中经济最自由的领域。当法律科学和法官的解释——中世纪法律经验的发动机,被限缩为"百无一用"(non-ruolo)的注释,即平庸地重复和服务于立法者在制定法中所指明与锁定的意志,法律科学和法官的工作从法的生产程序中被删除,其角色只是立法者的仆人。

最严格意义上的合法性原则,即所有法律现象必须符合立法,是社会的核心。在面临公共行政或其他公民社会与经济力量专横时,该原则需要作为公民的最高保障来加以捍卫。然而没有考虑到立法者权力滥用与专横的观点,法律科学和法官服从一个令人反感的理想化程序,并被认为是公共利益全知全能的解释者和实现者。

最后有两点,也是最重要的,需注意但却容易被忽略与

第四节　近代:"民法法系"与"普通法系"的历史差异

隐瞒。

事实上,所谓的公共利益只是少数人的利益,因为资产阶级国家严格意义上是少数人的,只能代表伪民主制的设立。"第四等级"*——他们绝对没有参与1789年的法国大革命,并且当时仍在等待(取得)主角地位。[3]合法选举率方面的充分证据能证明这一点,然而直到1912年意大利仍拒绝普选,对此人们普遍不关心。

聪明的官方宣传抄袭集体意识——充分利用那个幌子,即(当时)为意大利政治统一的实现,萨沃伊家族**完全不配之至上地位的理想而兴起的斗争的神话。更糟的是法学家也抄袭它,他们是资产阶级法律专制主义的受害者,被剥夺掉法律制度共建人的角色,他们接受了自身的百无一用,而且就像当下发生在这些受害者身上的那样,他们自己准备好正当理论来为(自身的被)剥夺奠定基础。

谨慎的读者会注意到两条信息:本节的标题里涉及"civil law/common law"两个英文词组;而且,我在处理法律的现代形象时,考察范围限于欧陆及其殖民地。理由如上所述。

---

* 即无产阶级。——译者注

** 19世纪,萨沃伊家族统一意大利,成立王国。在1946年意大利全民投票废除君主政体成立共和国前,该家族即为意大利王国王室。此后直至2002年年底,意大利废除宪法中"过渡条款"部分的第13条第1、2款,该家族成员一直被放逐于意大利境外。——译者注这里所指出、强调的形象,并不是法律现代性在全世界的表现,也不是在全欧洲的表现,而只是忠实反映了欧陆国家的形象。在那里,法国大革命的影响带给他们透彻的感受;在那里,或早或迟,受法律国家主义统治;在那里,法遭受法典的体系性与固定性化约。

这些国家通常被归类到民法法系(civil law)之下。该术语由比较法学者创造,今天被广泛传播,且以英文形式被接受。它无法被翻译,因为若翻译成意大利语中的民法(diritto civile),根本无法很好地理解它,"diritto civile"在当下有它特定的技术意味。即使像我这样的人,敌视在他种文化类型内英文词汇的广泛传播、在那里进行英式言说与思想的现代坏习惯,也不得不忍受且使用它们。民法法系涵盖欧陆大多数国家,也附带渗透它们的殖民地——随后在19—20世纪的进程中成为新兴独立国家。因此,在这里阐释国家的、立法的形象才是合适的。

对(另外)一些法律经验要进行不同的讨论,要用另外一个英文术语来表达,同样是技术意义上的和不可翻译的,即普通法系(common law)。它涉及英国及其殖民地,还有现在的美国。对这本入门的小册子及基于对读者予以初步说明的目的来说,若简化该法系复杂的历史变迁,可以说,伟大的普通法系经验共同体是英国法律史发展的结果,呈现为与欧陆不同

第四节　近代:"民法法系"与"普通法系"的历史差异

的类型。[4]

欧陆坚持反对古代王国和其中世纪起源的特征,往往以打破旧习惯为代价,试图建构全新的法律建筑,或者说希望如此;英国法律史的流变却是基于学习历史的连续性,最重要的是中世纪经验持续地存活于整个近代,假借其原封未动的价值,以独特的方式来直观地表达法律(giuridicità)。

用近似但不算错的说法,普通法系的基础恰击中了中世纪的心脏。实际上,它最宝贵的财富是,法出自法学家之手,不可能不经由法学家阶层的工作来固定它、表现它,来保证其成长与社会发展的需要相互关联。这是典型的中世纪(经验)。

有必要作两点说明:中世纪内价值的连续性,有一种不次于教会法的作用,即它的衡平价值——肇因于牧师出席一些裁判庭,直到16世纪被埃里克三世打破。这在欧陆备受轻视。如果观察欧陆中世纪(会发现),法学家使法律科学卓尔不群,法学家在法的产生过程的(作用)被信赖;英国经验则更加具体,被持续的经验主义统治——则带来最新的法的适用者的消息,法官渗透到经验的具体化之中。

在法源层面,这种不同选择与立法占微小成分的前提是一致的。在英国,只是自"二战"后不久,第一届工党政府要建立社会国家后,立法才开始获得更大(发展)空间。英国法还不熟识法典的约束,仍将(法的发展)交到一个敏感的、有教养的法官阶层手中,保持对僵化在纸质文本里的法的不信任——有其所意欲的清晰性与确定性,却也被固化而不易变化。这种现象发生在英国法的每个规范层次:不列颠不仅没有(一般)法典,也没有成文宪法。

第四节　近代:"民法法系"与"普通法系"的历史差异

注　释

[1]进一步的说明,参见 P. Grossi, *Mitologie giuridiche della modernità*, Giuffrè, Milano 2001。

[2]感兴趣的读者,可以参考最近的一本大部头以解渴, *Codici. Una riflessione di fine millennio*, Atti dell'incontro di studio, a cura di P. Cappellini e B. Sordi, Firenze, 26-28 ottobre 2000, Giuffrè, Milano 2002。

[3] P. Rosanvallon, *La démocratie inachevée. Histoire de la souveraineté du peuple en France*, Gallimard, Paris 2000。

[4]不错的概述,参见 U. Mattei, *Il modello di common law*, Giappichelli, Torino 1996。

第五节　近代之后,直至当下的"法律全球化"

中世纪法绵延近千年,与此不同,近代法历时还相当短:萌芽于14世纪(那是一个过渡的世纪),但它在20世纪对法律世界现实的解释模式,已经如雪花遇到太阳般消失。20世纪也被法史学家认为是一个带来深刻裂痕的转折时期。

用"裂痕"这个术语是对的,原因在于:国家及其法律管辖权的严密(la compattezza)致使裂缝产生,进而遭受渗透与复杂化(恶化)。

现代文明变得更加复杂:在国家与个人两大支柱之外,之前受到压抑与忽视而不断扩大的新集体文化、群众文化亦即社会斗争文化(开始)发生作用;农业、商业与工业文明并存,相较于过去的简单工具(文明),后者是机器与技术的文明。调整资产阶级精英社会时,资产阶级法律秩序表现优秀,但经受不住许多强劲新力量的冲击。

法律世界的风景,聪明的资产阶级法学家曾经非常和谐地将之固定于法典中,现在看来像一幅剧场的布景——被涂画得机械无创意、不真实。从规范世界的视角来看,20世纪是一个

第五节 近代之后,直至当下的"法律全球化"

"布景"与真实王国分离的意识占优势地位的时代。

分离产生危机,危机导致以高尚、自由与民主为目标并被信以为真的结构产生裂痕,而令人生厌的骚乱实质性地凸显出其中的专横与压抑。纸质的"布景"开始承受裂缝,而裂缝暴露出在舞台前部受侵的幕后真相。20世纪的法制安排(得以)超越近代(il moderno),完全是因为主流意识不断增长的对规范世界复杂性的认识。[1]

我们已经介绍过圣罗马诺,他对这种复杂性有清醒的观察。1909年,他提出过这种判断,并在一个庄重场合公开谈论《近代国家的危机》,指出后者因社会凝固(coagulazioni sociali)进一步加剧而分化、分裂。[2] 1917—1918年,他进一步将之理论化以主张法律制度的多元性,支持法从国家脱离及法与全球化社会的关联。[3]

资产阶级自由的简单图景走向消失,在法中国家失去其完美幻影与保护铠甲。我们试图提纲挈领地整理这场危机的重大后果——直至今天,我们仍深受其害。本书考察限于欲进行深入研究的法律领域。

为将我们的进路浓缩为一个简明的指导公式,我们可以集中考察最大多数的国家议会——立法者的退位,也即集中于自法国大革命计划诞生的少数孤独的旧一元论者。

一开始,满足复杂性这一设想的是越来越密集的立法活

075

动——法典、一般法(leggi generali)。它们很好地反映了纯正的资产阶级法律意识,并为特殊需要、特别立法所支持,但也受抑制甚至消解(espropriati)。这涉及许多规范活动——旨在维持经济增长,却经常(很快)被迫切的发展超越,也揭示出"穿着新装的王"(il re nudo),即一个无力仅靠工具性立法来调整经济增长的国家。这些立法很多时候只是令人意外的、蹩脚的法律大杂烩,使法典曾达致的清晰的、确定的法制财富(beni)蒙羞,也在政治权力与普通市民间开掘出一条相互不理解的沟渠。

另一现象是,作为20世纪的典型,加剧了作为立法者的国家之危机——增加的、重叠的不同层次的合法性。让我们作进一步解释:19世纪的合法性意义单一,即符合议会意志,那时国家议会是被赋予立法权的唯一机构。20世纪,不管是在国内还是国家间,景象都变得复杂——国内出现新法源:宪法;国际上则有规范源自国际共同体组织。

(首先,)20世纪成熟期的宪法不再是哲学、政治原则的汇编,而是组织、规范的综合——关联着市民与国家机构,特别是议会或立宪代表,将社会流行的价值迅速、直接地转化为自身价值。总之,宪法是社会的照片,后者在法律目标价值(valori meta-giuridici)的基础上自发调整(auto-ordina),也要求将国家或机构置于这些价值下(运行)。易言之,宪法实现了社会相

第五节 近代之后，直至当下的"法律全球化"

对于国家的优先性(至少在总则部分)。

其次，在20世纪，我们看到超国家机构增多，它们有全新的法律地位，部分机构所保障的规范不经过滤，即在其成员国有直接效力(欧共体有此种地位，其决议在意大利法制中直接生效)。我们应当积极祝愿超国家机构梦想成真。这也确实是对过去隐而不彰、保守的国家主义的强烈否定。

特别是最近几年，形势愈演愈烈。这涉及法之产生渊源出现私人化和碎片化现象。其中，更引人注目并在今天得到广泛讨论的是法律全球化。法源的国家垄断，乃出自1789年大革命之法律文化的祭坛与堡垒，虽然这种做法仍被官方宣称与要求，但越来越遭到批判或规避(profanato o eluso)。

全球化现象在好几个层次上展开。诚然，对其某些侧面可以讨论甚至批判，但也值得检讨，我们感兴趣的是其法律方面。当讨论习惯(la prassi)在今日的角色时，我将涉及得更广泛些，这里限于下述判断——相对于国家官方法的虚弱、隐晦与缓慢，习惯代表私人的自组织(auto-organizzazione)。仔细想来，因私法专家的努力，私主体发明出调整法律交往的适切工具，创造出一条与国家法并行不悖、在其旁侧流动的法律河道，当事人有义务遵守私法法官(i giudici privati)的裁决。[4]

最近几年，法律世界有些事件特别重要，清晰地导向一种趋势，即由法学家共同体来自动满足更新法律工具的需要，以适宜地规范不寻常的现实,例如新经济、最新的信息通信技术。我要提及两项重大创举,其旨在描述超国家层面的合同法基本原则:一项是由位于罗马的国际统一私法协会资助的,涉及商事合同领域[5];另一项是欧洲合同法委员会之成果,由丹麦法学家兰道主持[6]。

上述重大事件(的出现)有两个动因:它们展现了法学摆脱剽窃国家主义的心理,重新负担起建设欧洲法未来的积极角色(证实了国家及其机构的迟钝与缓慢);因为它涉及私人营业,以一种我们已经论及的类同于(开掘)法律全球化这一河道的态度,他们在国家与欧共体之外进行(制度)安排。

法律图景开始被多元性"打磨"。

第五节　近代之后,直至当下的"法律全球化"

注　释

[1] 在最近一本概述性作品中,我们在这种意义上解释过20世纪的法制,参见 P. Grossi, *Scienza giuridica italiana 1860/1950. Un profilo storico,* Giuffrè, Milano 2000, pp. 119 ss。

[2] 他在比萨大学 1909—1910 学年开学典礼上发表最著名的演讲"近代国家及其危机", ora in S. Romano, *Lo Stato moderno e la sua crisi. Saggi di diritto costituzionale,* Giuffrè, Milano 1969。

[3] 参见第 16 页注释 [1] S. Romano, *L'ordinamento giuridico (1918),* Sansoni, Firenze 1946^2。

[4] 如今有关全球化(包含法律方面)的文献不计其数,而且与日俱增。考虑本书读者的需要,我要提及我们举办的一场会议。会议面向非常不同的有文化的公众,本身内容相对基础,旨在帮助那些并非专家的人理解全球化现象,参见 P. Grossi, *Globalizzazione, diritto, scienza giuridica,* in *Il foro italiano,* Maggio 2002, V, 同时, in *Atti della Accademia Nazionale dei Lincei, Classe di Scienze Morali, Rendiconti,* s. IX, vol. XIII, 2002, fasc. 3。有两本优秀的意大利专著对全球化的法社会学作出了非常深刻的研究,参见 M. R. Ferrarese, *Le istituzioni della globalizzazione. Diritto e diritti nella società transnazionale,* Il Mulino, Bologna 2000; *Il diritto al presente. Globalizzazione e tempo delle istituzioni,* Il Mulino, Bologna 2002。

同一作者所写的简洁、有力的百科全书词条，也会让人受益匪浅，*Globalizzazione. Aspetti istituzionali,* in *Enciclopedia di scienze sociali,* Treccani, Roma 2001, vol. IX。

［5］Cfr., A. M. J. Bonell e F. Bonelli (a cura di), *Contratti commerciali internazionali e principi Unidroit,* Giuffrè, Milano 1997.

［6］Cfr., A. C. Castronovo (a cura di), *Principi di diritto europeo dei contratti,* parte I e II, versione italiana, Giuffrè, Milano 2001. 还需提到的是由欧洲私法研究会进行的"欧洲合同法典"的研究，Cfr., *Code européen des contrats, coord.* G. Gandolfi, Livre premier 1, Giuffrè, Milano 2002。

第六节　法的地理空间：领土

我们的思维习惯是，运用被很好界定的法的地理辐射范围去思考法。后者将法区分(若不是对立)为意大利法、法国法、瑞士法、奥地利法及斯洛文尼亚法等，从而使我们的关注点集中到意大利共和国及其周边国家。这种思维习惯源自将法等同于国家，源自最紧密地将法与政治权力相联结，源自我们还沉浸在现代，还没有成功形成与那些充满我们当下共同生活一样的深刻新颖性。在过去(共同法时代)被更多展现。

法的国家化需要领土。传统上，我们受到的教育是领土是国家的基本要素。

这是将国家的本质视为政治权力之具体化的结果。后者以一定的地理领域为必要，政治权力能辐射这个领域，而且能在其中行使其统治权。这种权力在政治学和法学术语中被称为主权。实际上，它有效统治的只是一个有限的现实。该现实是一个边界不可逾越，亦即受控制的地理区域。其中权力机构的命令可安全实现，因为它安全地拥有合适权限的强制。

大家也能假设一个有世界性辐射能力的政体(la politica)，

但最终它总是有一定的领土。原因在于,政治权力总是得具体化为权威、命令与强制。非常清楚的是,即使最民主的政治秩序中也会有强制。今天,巨无霸式美帝国主义(un ingombrantissimo imperialismo nordamericano)的存在,让人得以想象一个世界性的统一辐射范围,但这个世界不会不幸地就是美帝国(l'impero nordamericano)(那时)扩张到最大化时的领土。

在不是乌托邦王国的现实世界,政治空间实质上是物理意义的。用一个意大利政治家使用过的辛辣的形容词,这个空间是尽可能"平顺的"(liscio)[1]。很明显,所谓"平顺的",不是在地理意义上使用的,不是指没有山脉或丘陵的平原,而是指没有社会的特别是法律的障碍。

现代国家要求团结(compattezza):即使在它的阴影(la ombra)里也要如此。它不支持回归某种分裂或仅是区分的面貌;也不支持消除整体性,内部维持独立。总之,一国、一土(territorio)与一法。唯一的"活法"在整个领土区域内贯通无阻,这才是一块平顺的、统一的法律领土。亦即,现代法律专制主义的内在使命是,国家与法之间明显保持联姻,并被理解为必要的联姻。

前面的段落已经讲明:我们正生活在一种同时性之中,我们正在向,甚至需要向相反方向前进,但也会遇到激烈抵抗、无尽的惋惜、不屈服的守旧,即保守主义。存在于那些因袭两个世纪以来后启蒙主义精细宣传之法学家意识中,法律国家主义漏洞百出但坚持不退场(vizio duro a morire)。我们在前文已成功揭示的法的秩序视角,即鲜明的多元秩序视角,却很难进入他们的头脑。

注 释

[1] C. Galli, *Spazi politici. L'età moderna e l'età globale,* Il Mulino, Bologna 2001, p. 73 ss.

第七节　法的无形空间:社会

以一种该有的最低程度的急躁,我们也要说:法的权力视角会流水般滑向国家主义视角,但它确实是粗糙的,它与这个过渡时代是不一样的。其中,处处流传着边界太多的苦恼观感、意图超越的紧张。这是现代化的遗产,更准确地说,是法在现代是如何变形的遗产。换言之,国家多管闲事、法走向国家化的遗产,法要求或者说直到今日一直要求在领土内的实质辐射力。

将关涉点从国家移到社会,采法的秩序视角,前景将会有些许变化。实际上,社会具多元现实、异质属性,它的组织并不需考虑地理上必需的辐射力。

我们可以举出许多在历史经验中鲜活、准确的例子。这些经验完全实现了多元秩序视角,如中世纪就是适例,在同一领土内多个法秩序或法并存。地方法,如习惯或条例,与教会法、封建法、商人法及它们之上的共同法和谐共处。共同法适用于所有民族,不是因为它是权威统治的产物,而是因为其代表了内在的理性声音。

法律空间获得无形的辐射力,更准确地说,领土不再是必要的对象。必要的是,依(所规范的)社会(形态)进行不同、复杂的组织,依不同人际关系结构进行不同的、复杂的调整。

今天,这种无形辐射力以加剧的方式给法律全球化提供不同渠道。在其传递出的众多意义中,主导的、典型的是标志性的"去领土化"。全球化的首要方面是经济,与政治不同,它无法忍受闭锁的空间及限制。其在更开放的、更全球化的空间才"如鱼得水",这首先就包含当代发展(所形成的空间)。全球化运动的主角——当代商人,属于不同国家、不同主权、不同令人窒息之控制权力的金字塔结构中。因此,这些都是需要与之斗争的、回避的敌人,尤其是商人们因现实(需要)的交通辐射范围,经常自然地而且非强制地具有世界性,即任何时候均为跨国性的。

实际上,法律全球化的私法渠道,并不是由强制规范统治,或者严格地由国家强制统治,而是由更柔性的规范(regole duttilli)统治。因为其建立在由灵敏科学所建构的原则之上(就像上文所提及的合同法原则)。因为其无关等级化的建构与固定,而更是可以想见地被视为一个巨大的规则网络,处于相互内在关联的关系之中。它们源自市场的多样现实与变化的自发运动。正是网的形象,使得经济学家、政治家及最近的法学家均回忆起来,用它来指称全球化运动关系的错综复杂。[1]我们这里感兴趣的,只是强调这些运动的使命,将之提高到过于分割、区分的政治实体之上,将发现其本质特征在于"去领土化"。

必要的补充是:在新兴的电子信息技术中,我们发现类似趋势可立即得到证实。用一个流行的词来说,借该技术我们可以"冲浪",完全从地理边界抽离。这种技术空间是相当虚幻的,并令政治厌恶[2],但对经济来说是最舒适的,对法来说也是最舒适的,因为其可以从政治权力的禁锢中解放出来。

注 释

[1]参见 A. Predieri e M. Morisi (a cura di.), *L'Europa delle reti*, Giappichelli, Torino 2001。有力概述,参见 F. Ost e M. Van De Kerchove, *De la piramide au réseau? Vers un nouveau mode de production du droit?*, in *Revue interdisciplinaire d'études juridiques*, 2000, 44。

[2]敏锐的观察,参见第 84 页注释[1], Galli, *Spazi politici*, pp. 131 ss.。

第八节 法的历史性及其表现形式

法,作为鲜活的历史,不是悬浮于时间、空间之上,而是不断地由其具体化自身的使命与紧张状态支撑,即使在今天基于新兴信息技术的空间已经变成虚拟时。不可避免的是,法要在不同的时空条件下表现自身,因为这是在法——受遵守的秩序中,遵守机制得以升级、社会组织得以转化的必要条件。

引起我们注意的是法的表现形式。形式外衣在历史融合中被提纯和固定,它们使法回应不同的迫切需要成为可能;形式是表现典型性的制度术语,可以用来组织炽热的、多变的社会现实。

显然,我们是从历史漏斗的底部来关切,虽然稍显遥远。我们的视角没有特别的限制,但主要考虑的是欧陆,即民法法系国家。限制不能也不应过分,否则会误入歧途。民法法系的法律体系因其根本选择正遭受重大危机,原因在于与普通法系不断增长的相互渗透,以及在法律全球化引发之碎片化现象(fenomeno sgretolante)推动下旧有确定性受到侵蚀。

法在不同历史经验中采取的不同表现、形式,法学家习惯称为"法源"[1](fonti)。现在这是一个饱受争议的,在我们看来不正确的名称,主要因为它表达的是一种特别静态的东西,没有能力来反映法律动力学(la dinamica giuridica)和当下生气勃勃的、起主导地位的"行动中的法"(law in action)。[2]

"渊源"的隐喻看起来恰当地阐明:就像我们物理景象的源头,很好地表达出法律现象的实质,即表现于历史表层而来源于深层。我们强调过,法有其现实根基,与社会根基相关,虽然在日常生活中,它表现为人民的习惯(usi)、政治权力拥有者的法律(leggi)、公共行政行为、法官判决、经济实践者的惯例等。

法能调整社会,因为其有现实根基、深层根基。要当心,在许多日常关系中,我们并不将其与连续的工作联系起来——虽是准备性的但已经是法了。它在文明的隐秘层面发展,就像水源一样,只是最后时刻才从石缝现身,虽然这是其在长期隐秘生活中唯一引人注意的时候。

"渊源"隐喻的这层含义不应被抛弃。这是一种隐蔽的动力学含义,它使只有被包含在静止文本中才被关注的法沉潜到经验层面成为可能。法学家需要与之努力论战的文化敌人是:将宪法或一般法化约为纸质文本,将合法性(giuridicità)化约为对该文本的尊重。

完成这些基本考察,我们将试图归纳法之主要表现形式的当下意义。

第八节 法的历史性及其表现形式

注 释

[1]在民法法系经验之内,法国人称之为"sources",德国人称之为"Quellen",西班牙人称之为"fuentes"。

[2]清晰的批评,参见 P. Häberle, *Das Grundgesetz zwischen Verfassungsrecht und Verfassunspolitik,* Nomos, Baden-Baden 1996, soproattutto p. 512 ss。对争论的精彩重构,参见 P. Ridola, *Gli studi di diritto costituzionale,* in *Il diritto pubblico nella seconda metà del XX secolo, Rivista trimestrale di diritto pubblico,* numero unico per il Cinquantennio, L, 2000。对法源问题作出的聪明的、批评性的反思,参见 G. Zagrebelsky, *Il sistema costituzionale delle fonti del diritto,* Utet, Torino 1984。还有非常有价值的, A. Ruggeri, *'Itinerari' di una ricerca sul sistema delle fonti,* Giappichelli, Torino 1992。

第九节　法的表现形式：自然法

尝试检讨自然法是一项勇敢的行为。因为这个论题在近代至今天仍有着尖锐的对立，双方互不相容。一方认为，一个有文化的人研究它是煞费苦心的幻想；另一方则认为，它是需被绝对确信的对象，因而是不容让步近乎狂热的对象。两种立场都是冒险，因为皆可能是教条态度的源头。

还有另一种危险，那些涉及自然法的问题其实讨论的是有深刻差异的客体。自古典时代至今，中间经过中世纪、近代，如果确有什么东西被不断讨论，那么所讨论的内容也是极不相同的。它是一个多义的、冒险的词——受基督教传统启发的人，从每个人内心流露的神的信息中确认自然法；有人则从自然世界的理性结构中或历史传统的理性中书写出来的固有属性（immanenza scritto）中把握自然法。

从我们的立场出发，需要一种具有最大限度的文化警惕的方法。首先，需解释认为自然法具有重要地位的原因。

我们从一位敏锐的政治学家、法学家所发出的挑战开始，他与世俗文化里对自然法的态度相同，在其40年前的一篇

第九节 法的表现形式:自然法

清晰且有新意的论文里,他明确地主张:"不要再考察自然法这一令人觉得耻辱的东西了。"[1]需马上补充的是,耻辱是因为倒退,埋头未恢复的遥远过去。还要补充的是,它是一具直至今日仍经常被埋葬也经常复活的尸体。针对他的主张,会有以下的合理疑问:自然法与人类法制史上经常发生的问题密切关联,由此会发现它令人惊讶之生命力的首要理由。

我们将考察范围限制在刚刚过去的那个世纪,它困扰着我们。在世纪之初,一位法国民法学家毫不犹豫地主张"自然法的复兴"[2],同时,另一位影响巨大的法国民法学家惹尼(F. Geny)也坚持"自然法的必要性""自然法的不可或缺"[3];"二战"后不久,意大利教会法学家也热烈地讨论"现行自然法"[4];在 20 世纪 60 年代,"自然法的永恒回归"[5]旧调重弹,当时一位受自由思想启发的哲学家安东尼(C. Antoni, 1896—1959)在一篇晦涩的文章中写下他的思想遗嘱,讨论"自然法的重建"[6],并将之解释为反对制定法伦理(etica della legge)的个人主义伦理的首要标志。

哲学的阐释很快传导出对当时历史氛围的理解。自然法观念与实证法处于紧密的辩证关系中。进一步,对自然法的忠实诉求与约束方式(modo di vincolante)密切相关——近代世界借此来了解和实现实证法,对自然法的信任与对实证法的不信赖同步。

如何理解实证法呢？可理解为地方法（il diritto posto, ius positum），即有形式合法的权威设置，在一定主权范围内执行；实证法在近代世界被实证主义武断地理解为唯一可能的法，唯一的法形式，被确定为国家层面的法。可被视为良法，因为来自最高权威，其没有内容上的要求，但需证立来源主体及使规范生效的形式程序。

总之，这是一种法律一元主义下单一维度的法。当这个维度被破坏时会出现悲惨的一面，问题出现时将会是灾难性的，20世纪自然法学回潮的经验给我们上了一课。与之相关的是根本危机的时候，是法被掌握在背离常规的专权扭曲的时候。

"一战"后的意大利，有一名法哲学家毫不犹豫地明确重新诉诸自然法原则，将其作为填补实证法漏洞的工具，以促进适当的法律发展；[7]另一位作为渗透现实具体经济世界的商法学者，重提应将事物的本质作为法源。事物的本质作为自然法当然既不能由形而上的实体得到揭示，也不能从宇宙中解读出——像几何学，矿物学家借助它采集水晶，但它会在社会历史的集体意识里受到启发（sorpreso），[8]即经常求诸那些在官方的形式实证法体系之外的东西。

在纳粹和后纳粹时期的德国，自然法是唯一保留下来能对抗当时暴力、专制之实证法的（法律思想）。那时，将不法的法

第九节 法的表现形式:自然法

律和超法律的法相对立,前者是这样的实证法律,因为其不可容忍的不公正性而是不法的、违反法的,虽然它是纳粹国家颁布的权威法。[9](而且)确定的是,在德国,不仅理论界有反思而且在判决实践(特别是联邦宪法法院与联邦最高法院)中有信服(自然法)的诉求。[10]需进一步阐明的是,在推倒柏林墙后,德国于20世纪90年代发生的一场重要争论:问题集中在,边境卫兵射杀叛逃者的行为,是否构成违法,虽然其根据的是形式合法的命令。[11]

就像我们能清楚地从这些雄辩的晚近历史证据中所看到的,反复诉诸自然法,虽各有不同理由,但内在和谐地集中于其高级法角色,即作为最具体之实证法的衡量标准——是否有效的标准。实证法由特殊命令、规范文本而得以特殊化,但也为源自共同理性之集体意识所嫌弃。

虽然不确定诺尔贝托·博比奥(N. Bobbio)是否倾向容忍自然法观念,但这位意大利法哲学家写下了最正确的判断:"自然法主义是二元的,而法律实证主义是一元的。"[12]正是因为这种二元主义,才有可能提供一种抉择与保存。要解释为何在极其不同的时空氛围里自然法会被反复诉求,这是一种有效观念和有力理由。

实证法的贫困——经常被化约为狂热种族主义、政治国家主义、令人厌恶的专制,或者好一点的情形,是短视、片面的立法者的反映。这些推动了从更高水平来观察法律,即超越特殊主义,警惕集体意识保守价值,推动历史变迁。高级法律即法（diritto）,它融合实然（essere）与应然（dover essere）、形式合法性（giuridicità formale）和正义——当下的实证主义者不可救药地要区分它们。如果在其中,"正义意味着通过有意识地应用来维持实证法制度"[13],那么,自然法观念要靠解决人类永恒的正当法问题的努力来具体化。也许天真或虚幻,但这也许是一座大拱桥,虽然就上述融合的目的来说,也许弧度太大。

第九节 法的表现形式:自然法

注 释

[1] N. Matteucci, *Postivismo giuridico e constituzionalismo,* in *Rivista trimestrale di diritto e procedura civile,* a. 1963, rist. anast. Il Mulino, Bologna 1996, p. 3.

[2] J. Charmont, *La renaissance du droit naturel,* Duchemin, Paris 1927².

[3] F. Gény, *Science et technique en droit privé positif,* IIe Partie, Sirey, Paris 1924-27.

[4] C. Antoni, *Diritto naturale vigente,* Studium, Roma 1951. 同一作者就该主题的新近思考,参见 C. Antoni, *Diritto naturale: verso nuove prospettive,* Atti del convegno, Roma 9-11 dicembre 1988, Giuffrè, Milano 1990。其中,包括科塔(Sergio Cotta)的点评。

[5] H. Rommen, *Die ewige Wiederkrhr des Naturrechts,* Kösel, München 1963.

[6] C. Antoni, *La restauraizone del diritto di natura,* Neri Pozza, Venezia 1959.

[7] G. Del Vecchio, *Sui principi generali del diritto (1921),* ora in Id., *Studi sul diritto,* vol. I, Giuffrè, Milano 1958.

[8] A. Asquini, *La natura dei fatti come fonte di diritto (1921),* ora in Id., *Scritti giuridici,* vol. I, Cedam, Padova 1936.

[9]参见 G. Radbruch, *Gesetzliches Unrecht und übergesetzliches Recht,* ora in *Der Mensch im Recht. Ausgewählte Vorträge und Aufsätze über Grundfragen des Rechts,* Vandenhoeck u. Ruprecht, Göttingen 1957。拉德布鲁赫系受到纳粹政权迫害的法学家和政治人物,他早在1941年就在国外,正是在意大利的杂志上发表了一篇评论,该文被适宜地译为意大利文,题目为《作为法律思想形式之事物的本质》(载《国际法哲学杂志》,XXI,1941)。战争风暴后、希特勒的独裁被确定取缔后不久,该文以德语形式重新出版,参见 *Die Natur der Sache als juristiche Denkform (1948),* 后来独立作为一本小书, *Wiss. Buchgesellschaft,* Darmstadt 1960。

[10]这是最近一位意大利权威法学家与政治人物之著作的主要关切,参见 Giuliano Vassalli, *Formula di Radbruch e diritto penale. Note sulla punizione dei 'delitti di Stato' nella Germania posnazista e nella Germania postnazista,* Giuffrè, Milano 2001, p. 60 ss。

[11]同上书,p. 81 ss。

[12]N. Bobbio, *Giusnaturalismo e positivismo giuridico (1962),* ora in Id., *Giusnaturalismo e positivismo giuridico,* Edizioni di Comunità, Milano 1965, p. 128. 这本集子并未隐瞒作者所选择的法律实证主义立场,但值得推荐。这本集子信息量大、讨论严肃且概念非常清晰。

[13]就像奥地利法学家凯尔森,以一种令人不满、伦理上难以接受的方式,在他晚期的一本综合性著作里所确认的那样。他

第九节 法的表现形式：自然法

是 20 世纪规范形式主义者(il normativismo formalista)中的冠军。参见 Hans Kelsen, *Teoria generale del diritto e dello Stato (1945)*, Edizioni di Comunità, Milano 1954, p. 14。

第十节　法的表现形式:宪法

我们再次坦率地说,事实上,除了受基督教启发的法学家公开承认,现代法学家往往羞于谈论自然法,可能因为其中不可避免地表现出形而上的糟粕。根本上,不断被提及的"事物的本质"有掩饰的意思,这样的表述,更世俗化也使其更易被接受。

我们对价值仍有巨大需要,其关系着一定时期的法律构造,就像过去与当下所发生的。当自由资产阶级的国家与立法的建构突出一定的意识形态基础时,一如我们所知,就会立即产生一些分裂。在20世纪,回应这种需要的新颖的、重要的法律现象是宪法。

新颖的?稍微谨慎的读者会惊讶地问——他们听说过古代宪法、中世纪宪法、18世纪的宪法等。需要立即答复的是:这里我们面对一个一词多义的概念,容易混淆。因此,值得充分界定本节要论述的对象。

停留于近代(il 'moderno')这个术语之前,将会包含一段可能会变得特别冗长、复杂的讨论。说大革命前的古老法兰西

第十节 法的表现形式：宪法

王国有宪法也不错，但至为清楚的是，其所指的是几个世纪以来习惯的结果，虽没有书写下来但约束着最高权力。说英国有宪法也不错，但需要清楚指出的是，那是英国人民在几个世纪的一体变迁中借历史征服沉淀下来的，其是良好习惯的结果，部分写在《权利法案》里而显露出来。说大革命及其后的欧陆国家的宪章（le carte）为宪法并不错，但需要注意它们认可了政治的首要性，即国家相对于社会的首要性，重申了法律作为普遍意志的媒介和表达的角色，其核心是不能侵犯构成统一中心的国家主权。[1]

从这些一般性的宪法现象来看，1947年颁布的《意大利共和国宪法》确实具有深刻的新颖性与重要性。"二战"后的宪法都是新颖的和重要的，都受改革模式的启发，即源自"一战"后的魏玛共和国。

（此前）所谓的自由式近代性（la modernità liberale）是非常国家主义式的。其不断质疑：每部宪法都是来源于人民之制宪权的纯粹表达。倾向于精英式的国家，即由社会控制来保障所谓自由的国家，清楚其能使该种国家模式有效的唯一途径，是防阻群众直接创设社会的秩序原则（i principii ordinativi）。为此，1789年那种不多见的群众骚乱在19世纪被扑灭，一种纯粹国家主义的宪法得以确立，而制宪权只是国家主权的实现，并由此等于国家立法。[2]

所谓的"法治国家"——在19世纪得到完整界定[3]，承认公民的自由权项(i diritti di libertà)只不过是国家主权实现中的自我设限。由此看，自由权项不再是先于国家(pre-statuali)的价值集合而由制宪权确认，其只不过是国家法律正确应用的结果。[4]

1947年的《意大利共和国宪法》疏离于这幅逼仄之政法景象，就像一个实质特征不断得到廓清的局外人。[5]

首先，因为它是人民主权而不是国家的表达，即关于意大利市民社会的表达。这个社会以直接的声音完满地表达出来。这要归因于自由选举的制宪权、"二战"后的衰败，及君主制结构的权威王国的垮台。由该法第1条所认可的人民主权，是"对社会与社会秩序之实质优点的确认"[6]，它表明依据旧的传统的自由主义公法教育，人民不再是国家的构成要素。

其次，相对于一般法律安排(ordinaria orditura legale)，宪法被视为一种高级法秩序。宪法从社会中具有深厚根基的阶层汲取价值等级(uno strato di valori)且表现它，并要求国家权力的遵守，后者首先是立法权。

意大利法律制度在宪法中有最高界限：由于宪法简明的政治身份，这种身份通过倾向与国家同一化的权力*的单纯后果

---

* 应指通过上一段末尾提到的立法权，就能够在经验中实现宪法的简明政治身份，即高级法身份。——译者注

第十节 法的表现形式：宪法

就能够在经验中予以实现，其成为某种更广泛、更复杂的东西，成为意大利人民的法律身份，他们于其中拥有由规则、原则构成的基本制度——这些是认同的根基。宪法毫无争议地属于法律领域，因为它以法律的方式调整市民社会；不是一系列生硬的、零碎的命令（我们熟知法并非命令），而是涉及源自制度与价值的规则、原则。

宪法文本不是自上而下设置于社会的，而是在社会中有根基。其在我们面前展开，就像一个大部分被淹没的大陆上浮现出的尖顶。在宪法中，文本与经验共存，至少在"基本原则"和"第一部分"，奠定其基础的仅是作为深层价值认同工具的文本。我们处在这样一个分支中，其中法律世界为道德、宗教、习俗所限制，法扎根于道德、宗教与习俗中，但我们身处法律领域内。规则与原则，作为流动的价值的忠实镜子，不仅内涵高级规范，而且反映出人民系依实质认同而遵守它们。

在20世纪的新兴宪政国家，合法性（la legalità）被拆分为两个紧密相连的部分：高级的、低级的。这样，低级法严格服从高级法。

（此前）在旧的自由式（liberale）神秘主义法律（视野下），可在议会（法律生产的一般机构）中看到某种宙斯式的全知全能。一言以蔽之，旧的神秘的国家主义成为新兴社会、新兴价值的主角。

而在宪政国家,正如公法学者所说的,宪法是刚性的,只有经特别程序才能被修改;有高于议会一般法的效力,后者不能违背宪法准则。

从而,新的宪法通常明文规定有最高司法官制度(una suprema magistratura)——作为法律的法官,被任命来判断法律规则与宪法价值的一致性。在意大利,该最高任务被委托给宪法法院;[7]因其在1956年作出的尖锐判决,宪法法院成为(真正)有效的存在。它的职责不仅在于判断议会是否抵制宪法准则或权力滥用,而且在于调和社会多元价值与立法文本的滞后。备受关注的是其"合理性原则"(principio di ragionevolezze)的构造——作为立法活动的尺度。直到不久前,借绝对的议会权力概念表达出的立法行为的任意性(arbitrio)还是不容置疑的,现在我们在立法行为的内在合理性里找到一种限制。法定之法(diritto legale)也不能逃避集体意识及其价值的无情检验(impietosa verifica)。[8]

第十节 法的表现形式:宪法

注 释

[1]一本简洁的、清晰的导论,参见 M. Fioravanti, *Costituzione*, Il Mulino, Bologna 1999。

[2]有一部集体作品值得一读,参见 A. Barbera (a cura di), *Le basi filosofiche del costituzionalismo*, Laterza, Roma-Bari 1998, 特别是其中主编的同名论文。M. 菲奥拉万蒂(M. Fioravanti)作出的重要说明,M. Fioravanti, *Stato e costituzione. Materiali per una storia delle dottrine costituzionali*, Giappichilli, Torino 1993; G. 扎格勒贝勒斯基(G. Zagrebelsky)的敏锐、有力概述, G. Zagrebelsky, *Il diritto mite. Legge diritti giustizia*, Einaudi, Torino 1992。

[3]进一步的澄清,参见下文第二章第十一节开篇处。

[4]最有用的参考文献:Fioravanti, *Costituzione: probleme dottrinali e storici; Liberalismo: le dottrine costituzionali; Costituzione e stato di diritto,* in Id., cit., alla nota 2。

[5]这些特质也存在于意大利、法国、西班牙等国优秀的宪法"手册"中。在意大利法律文献中,以下两本有益于初学者:M. Dogliani, *Introduzione al diritto costituzionale*, Il Mulino, Bologna 1994, e G. Berti, *Interpretazione costituzionale. Lezioni di diritto pubblico,* Cedam, Padova 2001[4]。

[6]同上 G. Berti 书, p. 40。

[7]进一步的信息,可参考恩佐·凯利(Enzo Cheli)的一本清晰、简洁的小册子,Enzo Cheli, *Il giudice delle leggi. La Corte Costituzionale nelle dinamica dei poteri,* Il Mulino, Bologna 1996。

[8]就该原则的最新文献,参见 L. D'Andrea, *Contributo ad uno studio del principio di ragionevolezza nell'ordinamento costituzionale,* Giuffrè, Milano 2000。

第十一节　法的表现形式：法律(legge)

宪法也是法律，但其是高级法(legge suprema)。本节所写、所论的法律指的是一般法(legge ordinaria)，是议会表达意志的工具。

前文描述了法律近代性的特征，本节我们要对由此形成的预期作一些补充。从近代法中产生的法律中心主义(legicentrismo)仍然束缚着许多法学家的智识自由，并从中产生出一种基于法律的绝对主角地位、以合法性作为主导原则的国家模式，其中任何行政行为、法官与私人的行为都要符合法律。所谓的"法治国家"，作为常见的表达，也是一个令人迷惑的、模棱两可的表达，因为它就像一个大肚子，能容纳不同的内容。[1]

虽有这些根本的疑惑，我们仍然使用这个表达，因为它广为传播，仍是交流中的便利手段。这使得我有必要向初级读者准确地澄清它，你们在将来的学习中肯定还会碰到它。进一步说，有必要进行批判性澄清，因为它身上依附着深厚的自我辩护的古典自由主义(paleo-liberale)修辞，妨碍可靠的历史分析。正因为往往将"法治国家"混为一谈，我们要迅速澄清：我们关注的是欧陆的"法治国家"，为19世纪的欧陆所界定；盎格鲁-撒克逊国家所谓的"法治"，虽然词汇类似，但源自实质不同的历史策源地。

基于当前的限定，我们可以正确地确定以下几点：(法治国家)是一个主权国家，即每一个权力维度都由主权确认。(法治国家)是一个议会国家，确保议会作为中央机关，因为其决议为民主所覆盖，虽然民众代表的只是个傲慢的假设——只代表少数，极少数。由于这种假设，在这个国家，议会是全知、全权，且不可置疑的。依三权分立原则的支援，这样的国家确立法生产的议会垄断，由议会的声音来表达，即由法律来表达，被视为更民主的法源，因其有表达公意的要求。(法治国家)是一个合乎法律的国家，因为其中法律具有绝对首要地位，被构想为非人格性的、一般的、抽象的、对所有人平等的规范，在所有人面前平等是一种形式平等，将法律归属为指导、调整和化约社会复杂性的工具；(法治国家)是一个靠行使主权的自我设限来保护个人自由权利的国家。

我所进行的概述，只为减轻初级读者长久以来所受的亲近议会的修辞所带来的渗透力量的影响。[2]可以看出，该修辞下所有问题不过是在虚构的城堡中解决了。基于对法律的过度评价、对法律的迷信，法律制度被化约为法律的集合：法律被理

第十一节 法的表现形式:法律(legge)

解为值得尊重的权威命令,而不管其内容为何;合法性原则是市民的最高保障,法律的确定性则提供支援。

当然,所谓有所保障只是形式意义上的,实际上止步于一项事实,即立法者的任意性。该事实仅仅小声地表达出法律近代性的极端谬误。

像我们知道的,这是一幅我们已经特别强调过的法律风景。虽然我们已经强调过,但其所包括的强烈印记持续影响着很多人的意识,这显示出其难以消亡。今天在欧洲、世界层面发生了深刻变化,法条主义(legalismo)被驱逐到一个日益边缘的位置,但法律专制主义的微妙(sottile)宣传持续地为今天的法学家所复制(抄袭)。

我们再重复一遍以最大限度地澄清其原因。过剩的立法活动、一堆的法律导致其并不被认可(inconoscibilità)的致命后果;法律在技术上粗制滥造、即席创作,语言上晦涩,还有直接与其自身结构不兼容的情形;充耳不闻的议会,抵制采取关涉紧急利益的行为,或者反应很慢,慢得意想不到;在其实践分工中,议会经常无权(永恒的对立),因而也无资格回应集体的紧急需要;在意大利,极不正常的结果是年度收支平衡法律进程中的掩盖与压制行为,这项财政法律措施的肮脏动机迥异于、背离其内在理性,分立的议会不应应付和通过这种法律。

立法功能内在微妙(sottile)的败坏,产生了严重的外在后果。最严重的后果是普遍的信任危机,集体中以怀疑论为特征的心理高涨;这样,其他能够补充、支援和代替立法的力量得以出现和巩固。首先,有必要扩大法官的作用,[3]他们是深入日常业务(trincea)的人,不管理论上确立的权力分立学说。人们更经常地谈起"活法"——相对于或并列于"立法文本之法",这个词是指稳固的裁判,即法官,特别是高级法官之间裁判方向的一致。[4]其次,要扩大习惯的作用,因为律师、公证员和商务人士对于新经济、技术形式是最敏感的,能发现习惯的进入,不理会充耳不闻的议会而形成习惯。最后,要扩大法学的作用。就像我们所知道的,最后这种力量也能创制一条法产生的自治管道,它与官方的法产生途径平行运转——法律全球化正是这种情形。

要补充在超越一般法的层次上影响现行意大利法(不仅仅是意大利)的问题:欧共体通过其自有"规则",一些情况下通过自有的"指令",能产生可以直接影响意大利法制的规范。在宪法层次,存在一部像我们的宪法一样"绵长""严格"的宪法,代表可靠的高级法规范,但不像我们的宪章是以鲜明多元性为标志的法律方案(il progetto giuridico)。此外,也不包含通过其某些类型的判决(更明确地说,即所谓的"补充型"或"替代型")来产生规范效力的普通法官及宪法法院。

在威权政体通过的1942年《意大利民法典》中,其序编第

第十一节 法的表现形式:法律(legge)

12条预先规定了的官方法源层级的基础直到现在仍有效,[5]但实质上为1947年宪法的多元法律方案所取代。今天,一般法已经明显地处于危机之中,不再能公平地规范市民社会,特别是不能治理我们当下生活其中并将继续生活在其中的经济社会变迁。它的基础日益冒着近乎不稳定的风险,[6]而规范渊源体系也承受着不断增长的分散性。[7]

1918年,在战后不久——圣罗马诺出版他的小册子的同一年,一位意大利法哲学家将国家体认为"被拔掉牙齿的可怜巨人"[8]。八十五年后,我们仍能继续这样说。我们更清楚地看见,巨人被摘掉王冠、被碎片化的恰是法律(legge),在此前的时代其更重要且更受尊重。

在危机时代,年轻的法学家不应逃避去扩大自己关于法产生渊源的视野——当前时代虽然令人震惊,但同时对于那些不惧怕新事物的人来说也是最富有教益的。这幅法律风景是动荡的,也充满烟雾,需要以锐利的眼光和勇气,在迷雾中思考我们前进的方向。

注 释

［1］最近的一部丰富的、详细研究，参见 P. Costa e D. Zolo (a cura di), *Lo Stato di diritto. Storia, teoria, critica,* Feltrinelli, Milano 2002。特别是两位共同主编的文章，D. Zolo, *Teoria e critica dello Stato di diritto*; P. Costa, *Lo Stato di diritto: un'introduzione storica*。该书也确认我在正文里所说的这个词的模糊性；这实际上也引人注意地符合书中不同作者对这个词的理解。（该书有一个中译本：〔意〕皮特罗·科斯塔、达尼洛·佐洛主编：《法律的规则：历史、理论及其批评》，田飞龙等译，上海三联书店2015年版。——译者注）

［2］最近有教育意义的思考，参见 Luciano Canfora, *Critica della retorica democratica,* Laterza, Roma-Bari 2002。

［3］该作用已引起留心的社会学家的研究，参见 A. Pizzorno, *Il potere dei giudici. Stato democratico e controllo di virtù,* Laterza, Roma-Bari 1998。

［4］相关文献不断增加，可参考 L. 门戈尼（L. Mengoni）的精彩说明：Luigi Mengoni, *Il diritto vivente come categoria ermeneutica,* in Id., *Ermeneutica e dogmatica giuridica. Saggi,* Giuffrè, Milano 1996。

［5］《意大利民法典》序编"法律的一般规定"第12条谈及"法律的解释"，且明显捆起解释者的手："适用法律时，不得赋予

第十一节 法的表现形式:法律(legge)

其其他意义,而应根据词语间关联,或立法者意图所显示出该词的本来含义。如果争议无法依明确规定作出裁判,应参考规范类似情形、类似领域的规定;如果案件仍有疑点,应依国家法律秩序中的基本原则裁判。"

[6]参见 F. Modugno (a cura di), *Trasformazioni della funzione legislativa. II. Crisi della legge e sistema delle fonti*, Giuffrè, Milano 2000。

[7]同上。F. 莫杜尼奥(F. Modugno)的书中颇有见地的序言,参见 F. Modugno, *A mo'di introduzione. Considerazioni sulla 'criai' della legge*。

[8]G. Capograssi, Saggio sullo Stato, ora in Id., *Opere*, Giuffrè, Milano 1959, vol. I, p. 5.

第十二节　法的具体化:两个用于澄清的限定词

大家还记得,在我们论述的一开始就说过"法是活的历史"吗?一个更具法哲学而不是法技术意味的界定,但非常有益于我们对法的复杂性的理解是:它隐藏于社会根基之下,旨在规范社会,不可能不表现社会;它所推动的这项使命还是最初级的,相比于成为共同生活的一个纬度,它实质关联着历史经验,虽说更多的时候它还会关涉我们的生活所确定的所有日子的历史。

隐秘的起源、表现形式、经验一起构成统一进程,因而不可分离;法的具体化完成和实现这种统一。

这从来都是真实的,因为其紧密地关联着法的本质;对于那些像我们一样将法认定为被遵守的秩序的人来说,更是如此。对于那些将法理解为规范或命令的人,则会相应更看重命令的侧面与性质。只是将(具体化)作为消极的附属物,其并不重要,或近似地仅将其作为规则在时间或空间上的扩展。这是一种错误的态度,虽然从其前提以一定的方式可得到正当化。

对于我们来说,这并没有得到正当化,因为法律制度浸淫

第十二节 法的具体化:两个用于澄清的限定词

在需调整的社会领域中,社会结构也会转化成为法律结构、日常的法律形式、经验。如果止步于此,我们的论述是不完整的;表现出来的法(il diritto manifestato)还不是法,因为其仍漂浮在离我们的生活很远的地方,还没有成为"活的历史"。

我们将注意力集中在法律表现形式具体化的两件实质工具之上,之所以说其是实质性的,是因为那些表现形式在下述概念之下会转化成为法:习惯(la consuetudine)和解释—应用。

第十三节　法的具体化:"习惯"

读者,甚或是专家,乍看起来不是很明白为什么将习惯(la consuetudine)放在整个论述进程中的这个阶段,而不是置于表现形式或法源部分。这是有理由的。实际上,毫无疑问,习惯应侧身于法源之中;甚至在其中,它确实应属于第一序列,初民社会正是以习惯为模型,法律秩序(un ordine giuridico)才得以形成。

但这里,我们优先考虑我们这本小册子的目标,它是针对初学者的,并努力去澄清论述的客体。

习惯是一种人类行为(un fatto umano),它会持久地被重复,因为在其中可发现集体意识被保存与遵守的价值。[1]正是如此,在人类历史的起源处产生了法。其并非源自书面文本,也非源自天启或学者智慧,而是源自重复的行为,它源自持续、在时间中绵延,源自集体遵守、附和而非消极服从。

没有任何法的表现形式能比习惯更切中法之使命的核心。读者也不要忘记上述寥寥数行,是我们努力让大家所理解的,法的起源在社会的纵深处这一命题的回声。

第十三节 法的具体化:"习惯"

首先,必要的"多元"维度。它表达了任何共同体(从国际共同体到国家、宗教秩序、私人秩序)的空间方面,它有时也在传统中被表达,即在持续代际的长时间段内得到遵守的行为规则(una regolarità di comportamenti)。其次,法没有能力在短时间内成熟,它需要"持续"以赢得正常的存在。这涉及基本的现实。再次,所谓的"遵守",尊重与相应的服从有着不可取消的、基本的说服力。在其初级形式中,习惯是那些能反映法之原初纯净状态的法源。它是伟大的历史母体,但当下明显走向被取代的命运。由此,法律文化变得复杂,或者说从而被并入强大的政治机构之中。

在静态社会中,像典型的农业社会,习惯可暂任理想法源,但其绝对没有能力调整复杂社会。不应忘记,习惯存在于反复的、持续的行为中,由此关键起源获得一项特质,即本位主义(il particolarismo)。这是它的强大所在,同时也是其脆弱所在。习惯从特殊中产生,因为该行为从来都是在特殊中存在,虽然它会得到传播、附和与扩展。在后一情形中,这一原初烙印仍不可避免地存在。

复杂社会需要秩序的一般术语、类型,就像法律(la legge)、学术所能提供的。在19世纪初,当我们熟知的伟大德国法学家萨维尼主张对比法与语言,确定而不是歪曲在"民族精神"中存在法的第一发生器(il generatore primo)时,他还不能确定更纯正的法源存在于习惯中。但他很早就注意到,当时德国社会的经济、技术处于巨大变迁之中,习俗(usi)之网不堪受用,充满着对法律科学、法律的信赖。法律科学在习惯向基本原则、规则转变中起了首要作用。

另一个例子最具现实性:毫无疑问,全球化是一场实践(prassi)的、开始时本质上也是习惯的运动。因为关涉超国家的运动,其无法采用法律作为工具,科学则担当实践中直觉之原则(principii delle intuizioni)的伟大改编者,它也是复杂市场生活所绝对必要的,广泛的规范性原则(如合同领域)的明智规划者。

至此,(可以说,习惯的)一项内在缺陷导致无能。从我们所说的习惯的德性(una virtù),开启了强势政治机构对它的敌视、排斥。

生于底层,表达出自底层之需要、激情;萨维尼说其表达民族精神。然而,习惯是最难驾驭、控制的法源,难以驾驭而被网罗进一个统一的、集中的计划之中。总之,它是最难控制的。像在现代,当法成为国家的黏合剂,法被国家垄断,结果就是唯一且不可避免的:法被化约为法律,习惯被安排在阶层等级的最后一级,成为法律的婢女。

直至今天,这仍是官方立场,实证法赋予习惯以最卑微的角色和空间。但需要马上予以补充的是,当像我们今天这

第十三节 法的具体化:"习惯"

样,官方法源处于危机之中,当法律实践再切割出最大领域,以构思出法律所无力设计出的新法时,习惯将有更重要的角色。许多新机构开始运用新的创造、新的应用(le applicazioni)。

我们将习惯定位在法的具体化阶段——既然在前面我们还不止一次将其界定为法源,仍有待阐明个中缘由。(其实)很早就说过了。如果说宪法、一般法只是简单的、等着成为可见之经验的表现形式,即等着解释、应用,使之具体化,习惯的表现形式与具体化则是一体的;习惯就不是原则、规定、计划,而是表现于集体生活中的事实。正是它作为这种特别的、双重的法律现象的命运,要求我们在这里谈论它。

注 释

[1]进一步的研究,参见 R. Sacco, *Il diritto non scritto*, in *Trattato di diritto civile*, dir. da R. Sacco, *Le fonti del diritto italiano. 2. Le fonti non scritte e l'interpretazione*, Utet, Torino 1999。法哲学层面的有益观察,参见 N. Bobbio, *Consuetudine e fatto normativo*, ora in Id., *Contributi ad un dizionario giuridico*, Giappichelli, Torino 1994。

第十四节 法的具体化:"解释—应用"

本节内容或许是本书最难懂的,读本节的人并不比写作的人轻松。它凝聚着所有由法所充斥的关系的结点,它建立在不断地消除其中的矛盾的基础上——法既是活的历史(作为制度),也是价值(作为被遵守的制度),处于将之相对化与绝对化的进程中,处于使之弹性化(以完满地反映调整变动的社会实体的角色)与固定化(因为价值趋于确立其绝对性)的使命中。

很多时候,在日常工作中,应用并不会产生问题。首先的应用者是(法律)使用者或遵守者——买东西的人、抵押人、遗赠者、控告邻居骚扰的人。很多时候,像许多在我们日常生活中其他令人烦扰的行为一样,法律上的行为也只是生活的片断。很多时候,虽然涉及特定的法律上的行为,法学家知道应将之划归到特定目录之中,它们的法律属性仍是潜在的,掩藏于自发联合生活中的主要事实之下。先于书面规则,法律使用者或遵守者需尊重风俗,或受后者启发的共同情理(il buon-senso comune)。

同样的论述也适用于习惯,它是杰出的口头桥梁,有着书写所不能提供的犀利(snaturazione)、深刻。这些地面上的痕迹(striscia per terra),书写在事物之中,就像蛇反复做的,不断蜕皮。

作为十分重要的和富有启迪的研究,法律史教会我们:在法漫长的变迁中,它经常(从当下看,更有过之)被固定于文本中。其动机在于:首先,从"生理学"意义上说,是因为价值要能被所有人注意到,以便在一个复杂社会中被遵守,该社会可以享受由拥有书面文本而带来的最大确定性;其次,从"病理学"意义上说,政治权力并不独占法,它要将之转化为一系列强制命令,越被人们熟知越能得到更忠实地服从,同时,书面化不允许以不知法作为借口。

这种法,这种安排,它要进一步展开以转化为生活中的有效纬度,它要被具体化。在我们民法法系,其进入生活领域时,即其被应用之时,对那些有适用它的社会职责的人来说,会发生不少问题。

特别是,固化于权威文本、纸张中的法会引发问题,或是因为规范与适用它时的时空差距大,或是因为现实具有深刻的不同,进而抗拒规范的调整。通常在适用法律时会产生解释问题,解释和应用是同一事物的两面。最突出的适用者是法官,其在民法法系更受束缚,在普通法系则相对自由;作为学者

第十四节 法的具体化:"解释—应用"

的法学博士也是适用者,就像在共同法中,不管是在中世纪时期还是在当代欧洲大陆,我们也能觅其踪迹——由圣马力诺共和国和安道尔公国所代表的少数但很有意义的遗留中,直到今天绝对活生生的共同法仍然存在。

不久前,我们所知道的问题是,解释—应用被驱逐、限制于法产生的程序之外;该程序被认为已经完满地实现而终结于规范文本被表达出来之时;解释者—应用者只是这样的主体,其智识限于在文本中可找到的(立法者)意志内容,并由这种"深入肺腑和深入肌肤"(intus et incute)的意识保障。驱逐主义将解释—应用的问题置于权力分立的保护这样决定性的控制之下,但这种解决途径是对文本与生活、命令的不变与社会的变动所代表的不可避免的问题的完全回避。

今天,虽然仍有沉默的大多数,继续靠旧有信念沉淀下的贫乏意识过活,但新的认识论意识、更复杂的同时也是更精致的意识,在那些沉迷于民法法系工作方法的法学家中开始有力地流传。在最近几十年里,一种很有价值的固定对话意识得以形成,一些有远见和敏感的法学家被当前哲学思想触动,即通常所称的诠释学[1],特别是在法学家与伟大的德国哲学家汉斯-格奥尔格·伽达默尔(Hans-Georg Gadamer)极富生产力的相遇之后[2]。

我们今天所称的不加形容词的诠释学,是对古典诠释学教义的更新,其努力理解文本与解释者之间的真实关系,确定每一个解释过程的真正形象,厘清在传统视角下被扭曲、被误解的关系与形象。诠释学的意图是一项认识论的清理,它使我们可以用更纯正的眼光来观察:文本在以前的主导地位、解释者的消极地位被以下确信取代,即文本并不是真的自足的,而是不完整、待完成的,只有归因于解释,它才得以完整、完成。这种过程不单需要有意识的(conoscitiva)操作,而且需要理解——媒介固定在文本中与历史迥异的文本信息,与对其当下处境有确信之(精神)资源的解释者之现实性(attualità)。

对我们的初级读者来说,缺乏法律智慧,也更缺乏哲学知识,诠释学知识将注意力转移到解释者,因其出色的媒介能力,而被评价为智识活动中的主演。

伽达默尔走得更远:他想考察整个法律世界的基础,其核心问题在于规则与生活的关系,在于将规则"翻译"(tradurre)到生活的过程中解释—应用的角色。他抓住这个法的诠释学核心,毫不迟疑地高呼:"法诠释学的典范意义。"[3] 正因此,在不少可提及的哲学家中,我们独独要提伽达默尔。因为其对法律问题的关注,他成为法学家们特别的良师益友、哲学思考与法学思考之间天然的"脐带"。

因为我所说的这种"诠释学意识"[我愿意看到它在每个法学家精神中的扩展,其给意大利官方法限制过多的网络(le

第十四节　法的具体化:"解释—应用"

maglie)一种解放],有些重要的收获值得强调:法存在于"表达者"(manifestatore)与解释者—应用者之间恒久的辩证法中,规范与经验的恒久辩证法中;"表达者"离开解释者—应用者,如果不哑,也是自说自话,而且缺乏与社会的交流,因为解释者—应用者会消除规定的一般性与抽象性,将之融入特定的历史,创制"活的历史、法"。

对于那些封闭的法学家来说,这场认识路径方面伟大的征服由下列基本结果组成:那种认为规范文本独立于其欲调整的具体情事的观念是荒唐的;得到补救(salvifica)的信念是,重要的时刻是文本围绕生活,为了生活而受到解释者的调节;本质的实现,不是文本而是解释者—应用者的实现,社会心声(voce)通过解释者影响规定,结果可能是其内容可以被调节、转换,从而不同于"表达者"的抽象意图(voluti);抽象规则的不完全性和待完成性得以完满,仅因为解释可综合一般的规定与特别的应用;法之产生程序有复杂性与完善的统一性,该程序完成于解释之时,一个完全内在于该程序的时刻。

对那些保持陈旧过时教条的人来说,这个结论是自相矛盾的:真正的实证法不是立法当局设置的,而是解释者—应用者通过将之融入社会的实证性中,使之实质地,而不仅仅形式上是实证的。[4]它强调解释者是媒介者,共同体心声的媒介者。强调的是共同体,而不是一系列以消极目的为内容的强制命令；强调解释者表达的共同体成员当前合意的效果。

今天这种深刻转向的痕迹不仅出现在法哲学、法理论的反思中，同样包括在需行动的法官的态度中，裁判在很多方面都是创造性的法律安排——在欠缺法律调整或法律调整不完善的地方，裁判具有真正的补充功能，以适应经济社会的演进；它被期待以官方方式进行法律发展，或借鉴外国成熟的制度，或仅引进日常习惯；其通过扩大适用"一般条款"建构原则[5]；自在地拥抱衡平工具，那是原本资产阶级教义想将之保留给立法者而不是法官的工具[6]；它审慎地运用自罗马法以来就受到验证的"推定""拟制"等技术手段。[7]

裁判官阶层——通常在严格意义上被指示如何"判决"，已经慢慢有意识地去创造"活法"，将之与过时的官方法并列。追寻其多样的表现形式确有必要，但对于初学者不合适。这里我们仅举一个最权威的判决。

这是1994年最高法院审判的一个案子，一个对整个意大利法律秩序都有影响的最高审级的案件：它涉及一场大的诠释学争论，最高法院区分了规定（disposizione）与规范（norma），前者是指"尚未经解释工作澄清（confortato）的文本的一部分"，后者是指"经过重要的解释建构过的文本"。其结论强调："解释活动，决定着持续演进的'活法'的形成，其结果多少不同于由特定时代立法者所引入的书面规定的原始意义。"[8]

第十四节　法的具体化："解释—应用"

　　这是一个无须置评的判决，它显示出法官对时代的介入，更显示出法律及其形成的危机，从历史上最坚固、无懈可击的领域成为更富弹性、更自由的领域，结果是出现一个流动的合法性概念。

　　我们要作一个结束性评论。曾经要求的法律的强硬性，因存在化约、牺牲而使一切过于简单。当下，过去的设计网络变得隐隐约约和令人困惑，法学家（理论的与实践的）的角色是积极的和复合的，也确实是复杂的。实际上，意大利乃至民法法系的法学家仍然将法律嵌入法典，其有抵制以上见解的武器库，即每一个保守者都被强烈要求保护以下教义：权力分立、合法性、法源等级、法的确定性等。

　　法学家的手艺并不适宜未来建构，但他必须为进一步的希望、信任、职责做好准备，即重新成为社会的中心角色。对这些不可替代的安排者来说，其仍为未来所需要。条件是放弃作为神圣法律文本侍从的注释者角色，而是应作为法—活的历史的实现者。

注 释

[1] 即使在这方面,民法学家 L. 门戈尼也有巨大贡献,参见 Luigi Mengoni, *Problema e sistema nella controversia sul metodo giuridico (1976),* ora in *Diritto e valori* cit.; *Teoria generale dell'ermeneutica ed ermeneutica giuridica,* in *Ermeneutica e dogmatica giuridica. Saggi* cit.。法哲学层面,引人注目的研究,参见 F. Viola e G. Zaccaria, *Diritto e interpretazione. Lineamenti di teoria ermeneutica del diritto,* Laterza, Roma-Bari 1999。

[2] 参见 H. G. Gadamer, *Verità e metodo,* trad. it. di G. Vattimo, Bompiani, Milano 2000。

[3] 这是上引伽达默尔的名著《真理与方法》中的标题。

[4] 极其重要的是,一位聪明的意大利法哲学家就这个主题主编的作品。Cfr., A. G. Zaccaria (a cura di), *Diritto positivo e positività del diritto,* Giappichelli, Torino 1991. 主编的序言中的观点也极其敏锐,不妨一读。

[5] "一般条款"这个表达意指一种发回(rinvio):立法者用这些归属于集体意识的词(诚实信用、善良风俗、交往习惯、善良家父的勤谨注意等),以这种方式授予法官"非常审判"的弹夹,即裁判取决于法官的决定。

[6] 因为,具体案件相对于立法者抽象规定的特殊性,唯有立

第十四节 法的具体化:"解释—应用"

法者的"裁剪"是有效的,法官止于确认。法律专制主义最严格的权力分立之下,并不允许法官有自由的空间或角色。在旧传统分支外,认为衡平无法禁止的视角,参见 G. M. Chiodi, *Equità. La categoria regolativa del diritto,* Guida, Napoli 1989。

[7]正文里的寥寥数语,可以由一本内容丰富的著作得到补充。该书受到广泛的文化生息与对行为变迁最强烈敏感性的启发,由一位聪明的民法研究者编辑,参见 G. Alpa, *L'arte di giudicare,* Laterza, Roma-Bari 1996。

[8]Cass. Civ. Sez. Un. 2 agosto 1994, n. 7194, rel. Carbone, in *Corriere giuridico,* 1994, p. 1342 (con commento di A. Pizzorusso)。

第十五节　结语：法与权利

目前我们说的都是单数的"法",意指秩序化的社会结构,即构成社会秩序的、得到遵守的且有条理的(organizzato)评价。

它是客观现实——以网络的形象(la immagine delle rete)展示给我们;是复杂现实——单个主体可以在其中找到受保护的壁龛、成功的表达可能性;其中得到揭示的(法)客观方面,建立在地位与关系的内在关联之上。

然而,还有一个法律的主观方面,涉及秩序内部主体的地位或位置(la situazione e posizione),特别是主体自由。决不应忘记古罗马法学家赫尔莫杰尼安的教诲,我们在本书开篇就曾引用过:法因人而产生、因人而存续,即在人们之间产生、存续,为人们而产生、存续。

在他们细致的法律语法学中,法学家谈论"权力""权利""权能""利益"。这些方面的实然、应然均属于权利主体,法律秩序要保障它们。在这里,就法学几千年来所挖掘完成的、合理的具体区分,我们无法作出进一步的明确说明;在许多优秀

第十五节 结语:法与权利

的原理性、基础性的公私法"手册"里,初学者可以发现对这些区分的清晰描述。在大学第一年会要求学习这些"手册",也基于此,不是法科生的读者也就无须知道它们。

这里唯一要指出的是,在将"法"理解为客观的之外,大家也要意识到:我们一般所称的"权利"有多种含义。它指许多不同情形(le situazioni),主体不仅需要靠它们去成功进行法律交流,而且它们本身值得虽非常不同,但妥当的保护。[1]

萌芽于17世纪的英国,然后在18世纪的美国、法国,自它被直接编辑为权利宪章开始,在现代社会、后现代社会,大家就一直坚持谈论这个主观方面。就这些权利,1947年的《意大利共和国宪法》用一种高阶语言谈及它们。欧盟内部则对其持续存在争论,起因是欧盟的《基本权利宪章》。该宪章由欧洲议会、委员会于2000年底通过。因其于2000年12月7日在尼斯颁布,通常也被称为《尼斯宪章》。

在这本小册子所需要的限度内,我要提及最近展开的许多反思[2],我们以评介来作结。对于这种对"权利"的坚持应予以积极评价:它是一种法律文化的标志,这种文化想否定过去甚至是当下的脱轨——反对主体及其神圣不可侵犯的自由。自由经常与主体的道德、宗教、文化等方面相互联结,因而需要用各种方式加以保护。

上述内容诚然不错,但我认为:这些看法有些过度夸张,导致任何"权利"都被绝对化——不仅那些本质就是关于"人格"（la persona）的，而且还有与个人关联的经济—社会的弱权利，即有关人的社会—经济权利；夸张的是，与许多鼓吹者的计划不同，这会导致一种个人主义的立场。该立场与那些在"现代化"进程中十分确定消亡的立场并没有太多不同。

我用来作结这本小册子的评介是：从来不应忘记，这些权利并不是被赋予孤独星球上的个体，后者应是相邻着其他人，复数的他人的；这个被赋权的个体是嵌在鲜活的、历史形成的共同体之中。

还有两个非常重要的结果：其一，主体之间的关系结构如神经般支配着主体法律地位；其二，该法律地位不应被功利地理解为简单的个人利益状态，而总是还涉及义务（dovere）的一般性的复合处境。我针对公权力、其他人的请求，只有因我同时对公权力、其他人负担的义务才得以正当化。

总之，人们可以也应当谈权利，但不能与我们每个人相关的义务分开。我的义务是，使我的权利得以社会性恢复。只是由于义务，权利才成为社会不可分割的部分。我们呼唤的是这样一种视角：将这些权利放到一个更广阔的河床上，首要的也是比最近的欧洲《尼斯宪章》所没（或者没能）做到的更复杂的河床。

因此，我们完全同意关于对权利的追求，但也需要接受责任伦理的教诲。

第十五节　结语:法与权利

注　释

[1]为进一步说明,我们举一些重要的权利类型:思想表达自由的权利、宗教自由的权利、迁徙自由的权利等。

[2]第一本精彩的解读"手册",参见 P. Caretti, *I diritti fondamentali. Libertà e diritti sociali,* Giappichelli, Torino 2002。殊值一提的还有一些集体反思作品:L. Ferrajoli, *Diritti fondamentali. Un dibattito teorico,* a cura di E. Vitale, Laterza, Roma-Bari 2001; G. F. Ferrari (a cura di), *I diritti fondamentali dopo la carta di Nizza. Il costituzionalismo dei diritti,* Giuffrè, Milano 2001; G. Vettori (a cura di), *Carta europea e diritti dei privati,* Cedam, Padova 2002。

附录
无国家状态下的法：自治概念是中世纪宪制的基础[*]

一、中世纪宪制与今天法律史学家的"眼镜"

法律史学家若想完满履行职责，不背叛它——自我局限于做历史流传物的账房先生，就得充分理解这些流传物。这要求他综和两种表面上冲突的态度：不仅尊重它们（传达）的珍贵信息，而且调适（appropriazione）它们使其成为当下的精神财产。

今天仍坚持方法论上的朴素真理观是没用的——即认为作为时人，历史学家不能用他的眼睛和适应他视力的眼镜来阅读过去；不隐讳地说，他也不能应用他的方法论准则和相应的制度类型——（其实）在解释、形成概念与体系化时，是这些准则与类型支援他收集历史信息中的财富（仅仅能通过这种途径）。实际上，除了罕见的、偶然的特殊情况，历史信息会以熟

---

[*] 本译文原载徐涤宇、〔意〕桑德罗·斯奇巴尼主编：《罗马法与共同法（第4辑）》，法律出版社2014年版。

悉的语言向他诉说,使其能清楚理解。[1]

这一切都确实如此,但有一个前提条件:历史学家不妄图不加区分地投射那些制度类型,将历史现实强行塞进后者的框架中,后者会牺牲、压制过去的现实,同时会妨碍有效理解。历史学家有责任使用那些类型,但是必须在尊重源自历史流传物之信息的前提下行事。总之,需要做的工作,是往返于历史内容与理论术语之间的检验。只有这样,理论术语才能有效地整理(ordinare)历史内容。

不幸的是,(实际情况)并非总是如此。事实上常见的是,对历史上法的重构转变成某种危险的歪曲,因为重构者没有进行上面提到的实质性检验;因为他诉诸未经筛选地、不严谨地投射自己最熟悉的概念。当历史学家研究的是与当下被断裂(discontinuità)的鸿沟所分隔开的经验时,后果更严重,误解会更多。例如,中世纪法律经验——一颗以其原始基础与原创财富,进而决不容简单移植的特点而突出的法律星球。

针对中世纪宪制[2](costituzione giuridica)领域,今天的法史学家有职责——像近来我在《中世纪法律秩序》[3]这本综合性著作里所阐述的——承担起真正的清除工作,进行内部净化,批判历史误解和人为虚构出来的有害解释结论。

本文要重申,同时集中分析一个在我的《中世纪法律秩序》一书中所广泛论证的理论主张,即对于阐明中世纪宪制来

附录　无国家状态下的法:自治概念是中世纪宪制的基础

说,"国家"与"主权"这两个概念是无效的;相反,"自治"概念则具有实质妥当性。在这里又重申这一理论主张,是因为历史编纂中仍频繁地、不严谨地、近乎无可置疑地将"政治国家""主权"应用于中世纪时期。

我乐见本文被用来纪念罗曼·施努尔(Roman Schnur)[4]。在图宾根众多卓越的法律史学家和公法学家的贡献中,要特别强调他所发起并主编的,并于1965年译成德文的莫里斯·奥里乌(Maurice Hauriou)关于制度(istituzione)理论的重要著作[5],及1975年译成德文的圣罗马诺的《法律秩序》[6]——旨在从逻辑上和历史上区分法和国家,主张使法免于被国家压迫性关照的"古典"法律理论。

二、"国家"与"主权",这些近代法律用语的强烈历史性

当论及国家概念的无效时,不只是指向其术语表层——众所周知,它有着曲折的、断裂的语义流变,近来才确定它今天被普遍赋予的意义。[7]

这里更指向一项特定的法律—政治存在,特定的政治主体;肯定不是指任何的存在或任何意图的主体——部分人用这个概念来界定每个在特定领土辐射范围内行使最高政治权力的实体,如此只会陷入误解的泥沼而难以自拔。[8]

真正的问题是,"国家"自始在我们意识里有明确的意义,从整个近代到今天,它成为一个指涉明确历史—政治事实的制度术语,一个有强烈解释价值的历史类型,承载着最强烈的历史性——在相互结合的所指与所指对象两个方面,该术语最强烈地显示出其断裂的历史性。

那么,本文主张用"国家"概念来描述中世纪的复杂法律—政治情况无效(的理由在于)该概念直接且排他性的所指是——不可能不是——沉淀在我们当下的意识里,且由这种意识所界定的。描述历史事实时,如此所指的概念是唯一能向后投射的,在正确的比较时间段里唯一有助于我们的。比较要以最清晰的方式作出,避免隐晦地、有误解地与危险的泛泛而论接轨,给出过去—现在辩证的最清晰的轮廓。

因此,国家是一个特别的制度性术语,它的政治—法律内容是明确的——一个严格的统一实体。"统一"的意思是,在物质层面,指借由组织起来的中央强制机构保障,在一定领土内有效的权力;在心理层面,指一个全涉性意志,趋于统辖、做出任何一项在其领土范围内的至少是主体间的表示。一个趋于建立总体结构的统一大宇宙,由全涉性意志来武装。总之,国家是强势政治主体,是完美确立的政治权力的历史肉身。

如果上述内容属实,国家是一个有着明确历史地位的概念,那么,若不想冒轻率的风险,不可能将它与其历史背景分开。实际上,该主体的恰当历史背景毫无疑问是近代的,它也

附录 无国家状态下的法:自治概念是中世纪宪制的基础

许是近代更显眼、更实在,也更令人印象深刻的后果。这不是对老生常谈的确认,而是关涉历史真实:只有在近代才不断涌现新政治主体——从权力效力,更是从权力心理来看,开始出现国家权威,即直到 18 世纪晚期才达致的创新。对于法学家而言,国家即是法律的创造者和制定者,因为它攸关每一个法律现象,国家立法者意识到法律的政治重要性,进而成为法律的控制者与垄断者。[9]

国家是一个庞大的政治主体,它就像一个木偶操纵者,意图操控社会的方方面面。它重要的维度,即主权,"作为共和国绝对而恒久的权力"[10],它被强调的独立和像单子*一样的特征,这些恰成为它存在、独立的理由,也是它控制其领土内每一行为团体资格与合法性的理由。

国际共同体这种"近代性"(现象)的确定,以及国家作为近代历史主角的出现,产生两个非常重要的后果,一如这里所强调的,法学家有义务对此予以重视。

第一,国家创造法(diritto)或授权其他主体以合法性来制定它,即有垄断专权或趋于如此。"国家先于法而存有",由此推演至历史与逻辑意义上的每一个法律现象,一个规则只是因

---

* 源自莱布尼兹哲学中的"单子论",指单纯的实体或力,被称为本质的形式、实体的形式。它无生无灭,知觉或表征和表现全宇宙。它是一个集中的宇宙,一个自为的宇宙。参见〔美〕梯利:《西方哲学史》(增补修订版),葛力译,伍德增补,商务印书馆 1995 年版,第 406 页以下。——译者注

国家才有资格归为法律意义上的;法是自国家肚子里生产出来的。它不能容忍在它的领土范围内即主权范围内有另一个同等主体的存在,或者说它把自身闭锁在一种坚固的茧里,不容侵犯、不容分裂;处于这个茧之外的,都只是无关紧要和不法的情势。其他的第一性的法律秩序是不可容忍的:一个骑士会、体育团体、宗教团体试图在各自范围内制定法;根据其所属的行为层次,与国家的安排相反,犯罪团体也有同样的计划安排;结果是明显的:这些都不重要。因之,在没有法的地方也没有救济。[11]

第二个结果是最强烈意义上的合法性,是在法与政治权力之间近乎必然的关系(quasi un vincolo di necessità)。所有的法,都成为权力的表达和声音,在这种面貌下,法被特殊化,因为它深刻地指出权力拥有者的个殊化的力量。即使对那些不信服马克思主义理论的人,19世纪的法典法依然能够被无争议地接受为资产阶级法。他们系基于对以下情事的判断:法由最终征服权力的阶级创造,也就是由给予法以政治支持的国家创造,法按照资产阶级的想象构筑,保护他们的利益,在社会经济生活中保证他们的控制。在这种面貌下,近代法典法不是真正的私法,而是规范私人之间的关系的公法。概而言之,它事实上与私人法[12]有巨大差异;在市民社会中,自发地、自下而上地从日常经验的共同习惯(la piega)中发现和创造

附录 无国家状态下的法:自治概念是中世纪宪制的基础

(coniare)法律关系与法律制度;如此的私人关系,才是法产生的首要渊源。

于是,法是国家的领地,是国家的一个方面,并被认为是严格的领土原则对法律文明的征服:单一国家对应单一领土,单一领土对应单一法。(显然,由国际私法所规定的例外规则除外。)

在实证立法中有漏洞的情形,如果一些19世纪的法典还指向自然法(如从各方面看,还比较含糊的1811年的奥地利《一般邦法》)或"法律基本原则"(如1865年的《意大利民法典》)[13],那么,现行《意大利民法典》重申一个往往指向"国家法制基本原则"(《意大利民法典》序编"法律基本规定"第12条)的强烈要求,以完美闭锁于不脱离官方实证法律地盘的圆圈之内[14]。

有人认为,《意大利民法典》第12条明显受到民法典编纂时出现的极权政治当局的影响,这是不中肯的。在《意大利民法典》颁布后的50年里,意大利有民主议会后的50年里,该规定依然原封不动地在那里。就此我想说的是,它的不容置疑首先源自绝大部分实证法学者的沉默。[15]更严重的是,实际上它并没有普遍引起意大利民法学家的担忧,虽然他们曾多次撕掉《意大利民法典》中含有"法西斯"内容的其他规定的外衣,指出它们与宪法价值体系的不统一,并删除或修正。[16]该规定与它内含的法律实证主义完美适应,而20世纪中期充分且审慎的诠释学反思(le riflessioni ermeneutiche)完全被抛诸脑后[17];无比契合于它内含的国家主义——法学家将之整合进近代性中,它以其自身培育一个不容攻击的确信,即国家和法律秩序不可能不协调,它们利益一致且相互统一。

三、社会、法与政治权力:中世纪法的典型性

然而,我想说的是一个不同的历史阶段,给我们提供中世纪的经验。

那时候的政治权力以其未完成性为特征,整个中世纪都自始保持着未完成的权力形式。基于对它这种地位的理解,它是一种非全涉性的、非全能性的权力。它没有下述特征,即在僭主政治中表现出来的最大效力与显著的强制力,因为政治计划的缺乏或含混,控制整个"社会"的计划还确实没有成为它的目标之一。[18]

它表现出对司法的实质冷淡态度:中世纪的君主限制自身对法直接卷入政府运作的兴趣,在今天我们会叫作宪法、行政法与刑法的领域,它更多任凭其他力量负责制定日常活动的组织性规范(le regole organizzative)——通过不同习惯性自发行为的统合,即博士与法官的解释,这些规则被表述出来、被确定并被体系化。它也表现出单纯的情势,即中世纪君主更多的是

附录 无国家状态下的法:自治概念是中世纪宪制的基础

通过司法体现其最高统治者的职能,而不是立法活动。那时的君主更多的是民众的伟大复仇者,而不是一位立法者。

国家还是属于未来时,因为没有政治权力达到国家的内涵:即使在法兰西王国,虽然它是古老的法律—政治实验室,在那里有不少国家权威意义上的实体缓慢显现,通过对君主习惯的多重观察(发现),这一进程在13世纪萌芽,但在14世纪才取得决定性的进展——当时的中世纪政治意识形态陷入了危机。

(那时)立法活动缺少伟大的操纵者,也微不足道。权力没有去创造法的自负,而是把从有深刻习惯基础上抽象出、界定法的艰巨任务交给法学家和实务工作者(法官和公证员)。

中世纪世界的法的特别之处是:它深刻地归属于社会。基本事实是,它是这样一种秩序:其生命轨迹远离政治层面的争论与困惑,且明显极少去关照后者。正是从这个基础层面讲,法不能与过去变迁混乱的政治体相提并论。相较于政治的不稳定性与流动性,法代表着社会的稳定与坚守。它传播着这样的观念,表面上杂乱、无序的社会得以保存、得以停驻。

与我们提及的近代世界相反,(中世纪)法在逻辑上、历史上均是政治主体的前提。"先有法":它在本体论上(不是实体上)和历史上都是先在的。由于这种先在性,法起源于独立于政治的自治力量(然后继续生长),同时得以保有充分的完整性而避免权力的具体关照。它的肉身(carnalità)全身心服务于人、限制人,因此,明显的是,它绝对不是被书写在云端,不是轻飘飘地浮在历史的上空,而是总有宏大的多元力量,经济的、社会的、文化的与精神的力量,来推动它、支持它与涵养它。因此,它处于近代法的反面:它不是权力的喉舌,也不靠权力才得到承认与具体化。

这样,需要开放广泛的多种渊源,激活法与社会之间的关联,使法表达它被要求予以调整的社会的整体。如此,那些渊源连接着一种等级关系,在其中作为权力授予之意志的立法(legge)绝对只占有次要地位。立法的至上资格和它的主导性与主角地位,完全是近代性的发明。[19]

四、自治:理解中世纪宪制的妥当术语

经过这样的考虑,我们戴着不加区分的近代"眼镜"去看中世纪法时,就不会错得太离谱。

如果我们所论是对的,即中世纪法不是这个或那个国家实体的影子,而是与整个社会的内部结构有着真实的、基本的、最紧密的关系,代表着隐秘的秩序,那么继续用近代法律观把握中世纪法,在与国家和主权排他性关系中去理解它——想用无效的统一尺度去丈量不同物体。这样的不当操作是误入歧途。

因袭两个世纪以来广泛传播的错误,近代法学家的思维习

附录 无国家状态下的法:自治概念是中世纪宪制的基础

惯是试图为一个国家确定一种法,这是一种一元论的视角——统合起来的单一制定者与单一法律秩序两相对应。由此表现出完美的连贯与必然,只是戏剧性地化约了法律经验的丰富性。

中世纪将法从政治权力的锁链中解脱出来,并将法与"社会"的全部复杂性关联起来,这些带来一种不可或缺的法律多元主义;对于理解国家(statualistica)意识和国家模式的任务,只有最广泛的多元主义才不会导致重大曲解。法律史学者应当进行的必要清除工作是使(历史)沉淀物没有(粘上)近代思维习惯的残余及由此而致的缺憾,承认作为基本前提的社会同样能够在政治实体领土范围内表达出法律秩序。

我清楚自己没有说出什么新东西。每一个法律史学者都知道,这项解释工作已告完成,不久前由卡拉索(Francesco Calasso)[20]作出——他毫不迟疑地在中世纪经验领域引进那项主要构想,即由意大利公法学者圣罗马诺自1918年提出的法律秩序的多元化[21]。在圣罗马诺的模型的基础上,卡拉索正确地将他最有价值的著作命名为《中世纪复兴时期的法律秩序》——参照圣罗马诺的建构而提出中世纪法的解释术语。

那无疑是一部对文化有敏锐感觉的作品,其法律史分析更是有突出价值。但它也是一种并不完美的尝试,因为卡拉索虽是一位直觉的强烈捍卫者,在某种程度上却没有遵循直觉本身的结果。当我说"在某种程度上"时,是指他的思维固有的综合的近代背景,这是卡拉索没有意识到因而无法跳出来的。

再次解释一个先前的表达,即"内部清除",在卡拉索那里只是表面上的,他没有进行精神态度的全面修正,以达到解放状态——对于中世纪法律史领域,解放是首要的,不能全由受近代(视域)限制的阐释而历史化。

实际上,卡拉索在那本书中继续讨论国家与主权,但全书却是基于法律秩序多元化这个中心观念。因此,他明显自相矛盾。

他不明白承认法律秩序的多元,就意味着承认任何法律实体(realtà giuridiche colte)都处在一个综合的关系网络中,这个网络同样必然以任何实体的地位为条件并与之相关,因为必然要涉及同一领土范围内共存的实体,而共存限制了变化的发生,或者说,既然每一个都保有法律的一个特殊方面——国际团体、宗教团体、政治团体与职业团体等,那么,它们能够和谐地共存。

这就是中世纪法律现实的综合画面:奠基于遍布活跃的社会团体的社会平面之上,这是一幅他们相互关联、彼此制约的画面。在此,主权的概念是无法适用的。其中的理由非常清楚,就像我们前文提及的,主权是一个全涉性的、绝对的与绝缘的概念;主权是绝对之物,它能由同样绝对的国家承受,但可以

附录　无国家状态下的法:自治概念是中世纪宪制的基础

肯定的是,它不能接纳与其他(实体)共存的法律秩序,其处于整个厚密秩序结构的中心;主权概念本身有着确定的"排他性",无法接纳法律精神实质上与排他性术语不相干的中世纪法。

需要前进的唯一一步是扫除我们道路上的巨大障碍,像国家与主权,因为它们来整理中世纪的法律现实完全不适格。这是卡拉索没有感觉到的,并且要在其不可弥补的自相矛盾的困境中应进行的方法革新。(后来)他的推进者完成了。

也许,卡拉索应该对圣罗马诺的后续思考也给予最大注意(他只是在形式意义上认识到)——圣罗马诺在他的《法律秩序》一书中阐释并综合了(此前)思考的重要内容。我们要特别提到1946年出版的《法律词典片段》,其中这位伟大的法学家饱含激情地强调"自治"(autonomia)概念——一个极其多义的概念,该书将其理解为制度自治(autonomia istituzionale 自足):主观意义上,"作为制定(darsi)法律秩序的权限";客观意义上,"作为个体或实体得以靠其型构自身的法律秩序的特征"[22]。

圣罗马诺的分析很有价值,因为他决定性地提出了一项流畅的、解放性的一般理论方案,且至今也并没有过时,虽然它限制了公法学者——他们经常讨论自治,但也往往局限于完全属于国家的权限范围内。我们不是说圣罗马诺的分析是完美的,反之,要指出它隐藏的一些不足(aporie),它在不少该分析可适用的意义与方案上没有完满廓清,但在确定多元法律秩序结构与功能上的自治机制方面有巨大价值。如果我们用意大利理论界就此展开的后续思考——来自公法学者M. S. 贾里尼(M. S. Giannini)[23]来增益且修正他的分析,就会在我们的论题上发现一件理论工具:将其理解为制度自治[24],会非常适宜于整理中世纪宪制(也会对此获得更充分的理解)。

在自治与主权之间,出现了一项非常突出的、几乎是对立的逻辑。在后者范围内的主体,个体或实体都是处于绝对孤立中的权利人;它是这样一种情势,即不考虑所有来自外部的影响,最大限度加剧主体的分离,使它凌驾于其他所有主体之上;作为一个排他性概念,主权就像一个壁龛,将主体闭锁在它罕见的坚固与不受侵犯的外壳中,构成一个独立世界。

相反,自治是一个典型的处于关系之中的情势[25];如果可以充分地说一个主体是至高无上的,那么,却不可只说一个主体是自治的,而是需要明确加上他相对谁(da chi)和针对谁(verso chi)而自治。自治往往意味着一种关系,一种相对独立的关系,不得不在它与其他主体的紧密关联中来考察它,这种关联会限制一个主体与其他主体彼此的独立范围。相对性与弹性是自治的实质特征,一如绝对性与排他性是主权的实质特征。

附录 无国家状态下的法:自治概念是中世纪宪制的基础

这是(理解)关于中世纪宪制法律文献的关键,使之能得以澄清;进一步而言,它能允许一个关系网络的和谐构成——如果用不合适的眼光来观察,那将会是无法理解的缠结。中世纪宪制不是主权群岛的一个部分,而是处于自治结构之中。唯一的主权,乃自天上降下的神的至上权力,并因其绝对性而强大。在地上,中世纪法律世界自始是一个自治世界。

这是整理那些复杂情势的唯一方法,否则会无法理解在同一个领土范围内共同法(diritto comune)与自有法(diritti particolari)的共存,王室法(diritto imperiale)、教会法、(城市)法规(diritto statutario)、封建法与商人法之间的持续交错,唯有自治概念所具有的相对主义与弹性特质才能理解多种秩序、多种自治体的构成与共同有效,它们充满弹性地在普遍性与地方性、一般与特殊之间辩证统一,而没有分崩离析。中世纪的这种社会法律结构,乍看上去似乎是解不开的死结,但在一种不具有主权而是自治主体的相互作用的多元视角之下,可以被确定地阐明。

最终结论呼之欲出,像标题里所指明的那样,那是一种没有国家状态下的法[26],与社会紧密勾连的法,并在社会整体中得到表达。这也许是法律与社会之间前所未有的彼此渗透。中世纪法是社会的隐秘骨架,是社会的基础与固化。再重复一遍,也是社会的保存。

我想以此来结束本文的思考,即向读者强调清楚地发生在"领土"与"财产"这两个论题上的类似现象。就此,近代世界有绝对的和排他的解决途径:一个领土范围内只有一个国家、一套法律秩序;一个财产之上只有一个所有权主体、一个统一的所有权。在财产层面,中世纪世界所作的选择完全相反:就像在一个领土范围内,法是直观的,由多元的共存秩序构成;类似的、连贯的例子是,同一个物(bene)之上可以有多个所有权,每一个所有权都没有之后的资产阶级所有权那样的绝对内容,而是有着特别的自治性内容、相对性内容,相对性才是这种概念的恰当内容。当巴托鲁斯确定完全处分(perfecte disponere)中的每一个所有权的内容,明显所指物上的自治权能,唯一的一种地位,允许在一物之上构造多个并行不悖的所有权。巴托鲁斯提及的"完全处分"(perfecte disponere),能唤起(我们关于)"完全法律社会"(societates iuridice perfectae)的中世纪交错结构(的记忆)。正是这个概念,即完全自治(autonomia, perfectio),支撑着法律与社会的全部生活与构造。

同时,绝对性这个概念是不适格与令人反感的。近代分立、个体化与绝对化的紧张,既是个人主义的现实,是国家自普遍的"无缝的里衣"(tunica inconsutilis)中不可挽回地分离出来的现实,也是单一主体的个人主义现实——将多元视角抛诸脑后,据这种条文视角,更多考虑的是关系,是不同现实间的统

附录 无国家状态下的法:自治概念是中世纪宪制的基础

一与限制。

相较于这里提出的类似性,在近代世界盛行的却是主权与权利的独立与绝对地位、政治主体与私人主体的相互对立,今天这两个主体是彼此独立的——从中世纪精神毫不迟疑地依附其中的关系结构中抽身而出。

注 释

[1]堪称典范与权威的是贝蒂(E. Betti)的训诫(la lezione),由他最受关注的1927年在米兰的开学第一课所界定,参见 E. Betti, *Diritto romano e dogmatica odierna,* ora in, *Diritto metodo ermeneutica,* Milano, Giuffrè 1991, p. 59。

[2]施密特与布鲁纳宪法(Verfassung)意义上的宪制:澄清也许显得多余,但可避免误解。

[3]参见 *L'ordinamento giuridico medievale,* Bari, Laterza 1995。

[4]本文的德语版以更精简的形式发表于'Festschrft für Roman Schnur'。

[5]参见 M. Hauriou, *Die Theorie der Institution und zwei andere Aufsätze.* Mit einer Einleitung und Bibliographie hrsg. v. Roman Schnur, Berlin, Duncker u. Humblot 1965;罗曼·施努尔主编的相关文集,参见 Institution und Recht, Darmstadt, Wiss. Buchgesells 1968。

[6] S. Romano, *Die Rechtsordnung.* Mit einer Einleitung und Bibliographie hrsg. v. Roman Schnur, Berlin, Duncker u. Humblot 1975.

[7] G. Miglio, *Genesi e trasformazioni del termine-concetto 'stato' (1981),* Le regolarità della politica, Milano, Giuffrè 1988, 802.

[8]更明显的、更经常被指出的缺乏方法论意识的例子,是 H. Mitteis, *Der Staat des hohen Mittelalters,* Weimar, Böhlau 1940。

附录 无国家状态下的法:自治概念是中世纪宪制的基础

[9]如博丹(Bodin)的新共和国理论,其敏锐的法律—政治分析,充满了近代性。参见 Bodin, *Les six livres de la République*, Aalen, Scientia 1977, p. 142。虽然在其中也能很好地发现直到 16 世纪末仍存在于法国的中世纪态度的痕迹,但依我们看,博丹的证据(论据)是充分置于近代意义上的。在 20 世纪的公法学家看来,博丹的复杂观念在重要的(后世)古书(incunabolo)里得到坚持,参见赫曼·黑勒(H. Heller)在 1927 年的经典论文,H. Heller, *La sovranità ed altri scritti sulla dottrina del diritto e dello stato*, a cura di P. Pasquino, Milano, Giuffrè 1987, p. 70。雄辩的是凯尔森 1920 年的论文,将博丹明确置于在"近代"之初,第一次尝试对传统概念作修正(几乎是拒绝)的地位。虽然只是从术语或语言角度的观察,但此后人们可以清楚地谈论主权观念的历史。参见 Kelsen, *Il problema della sovranità e la teoria del diritto internazionale-contributo per una dottrina pura del diritto*, a cura di A. Carrino, Milano, Giuffrè 1989。

[10]同上,Bodin, *Les six livres de la République*, 122。

[11]很显然,在犯罪团体的情形中,存在对不法的制裁。

[12]明确地指向一份著名法理论文献:W. Cesarini Sforza, *Il diritto dei privati*, Milano, Giuffrè 1963。

[13]该法典第 3 条所运用的一般性措辞使得不同解释成为可能,也导致激烈争论。其中之一就是意大利法哲学家 G. 德尔韦基奥(G. Del Vecchio)在他 1920 年的罗马课程中所发表的,他

解释该措辞所指为"自然法律理性"的原则。参见 G. Del Vecchio, *Sui principi generali del diritto (1921)*, ora in *Studi sul diritto*, vol. 1, Milano, Giuffrè 1958, p. 254。

［14］1940 年 5 月,意大利法学家齐聚比萨,讨论司法部长迪诺·格兰迪(Dino Grandi)所提议的由委员会(Gran Consiglio)批准引进法西斯式法律制度之基本原则。明确的判断是,与 1865 年旧《意大利民法典》第 3 条相比,1942 年《意大利民法典》第 12 条代表"一种螺旋循环"［G. 马焦雷(Giuseppe Maggiore)在当时报告里的话,参见 Maggiore, *Sui principi generali del diritto,* in *Studi sui principi generali dell'ordinamento giuridico fasista,* Pisa, Pacini-Mariotti 1943, 83。］,代表 20 年后对 G. 德尔韦基奥的罗马课程所作论争的僭越与埋葬(Cfr., W. Cesarini Sforza, *Verso la carta del diritto,* ibidem, 97; C. Mortati, *Osservazioni sulla natura e funzione di una codificazione dei principi generali di diritto,* ibidem, 179; V. Crisafulli, *Per la determinazione del concetto dei principi generali del diritto,* ibidem, 179; Grosso, *Principi generali dell'ordinamento giuridico o dichiarazione politica?,* ibidem, 347)。包含在由一般性而来的慰藉里的僭越与埋葬,这种判断保存了马焦雷在其复杂的、有意义的报告里所持的批判态度。

［15］有意思的是在新《意大利民法典》第 12 条形成过程中的一种担心,它来自一位曾支持对 1865 年旧《意大利民法典》第 3 条的一般措辞作自然法解释的学者。他正是我们在第 153 页注

附录 无国家状态下的法:自治概念是中世纪宪制的基础

释[13]里提到的 G. 德尔韦基奥。1936 年他发文建议《新民法典草案》采更狭窄的界定,不再规定"法的基本原则"而应是"现行法的基本原则"。参见 G. Del Vecchio, *Riforma del Codice civile e principi generali del diritto (1936)*, 同第 153 页注释[13]书,271。

意大利最近 50 年在解释这个主题下出版的重要法律文献则回避《意大利民法典》第 12 条的问题。如 Betti, *Interpretazione della legge e degli atti giuridici (1949)*, Milano, Giuffrè 1971, 308。

[16]反而是宪法学者和比较法学者表示担忧。只有少数民法学者注意到这个问题,如 U. 布雷恰(U. Breccia)、P. 佩林杰里(P. Perlingieri)、M. 巴尔切洛纳(M. Barcellona)、L. 比利亚齐·杰里(L. Bigliazzi Geri)。

[17]虽然不吝于引证埃塞尔的观点,但意大利民法学家对其诠释学分析结果则充耳不闻(Cfr., Zaccaria, *Questioni di interpretazione,* Padova, Cedam 1996,特别是第二部分的第四章"解释者的自由:法律实践的创造与约束")。只有极个别的例外,如 L. 门戈尼。

[18]详参第 152 页注释[3]书。

[19]基于法律与公意间同一关系的明确推定,这为法国大革命时的一些文献所确认与宣告。(比较 1789 年《人权宣言》第 6 条)。

[20]有必要对非意大利的读者略陈卡拉索的经历:1904 年生,长期在佛罗伦萨大学和罗马大学教意大利法律史,卒于 1965

年。他对意大利的法律史研究领域及其方法论作出了权威性的革新。

〔21〕*L'ordinamento giuridico,* Firenze, Sansoni, 1946.

〔22〕*Frammenti di un dizionario giuridico,* Milano, Giuffrè 1953, 14。含糊其辞的反而是卡拉索为《法的大百科》撰写的词条"自治—历史前提",参见 *Enc. Dir.*, 4, Milano, Giuffrè 1959。

〔23〕Giannini, *Autonomia,* in *Studi di diritto costituzionale in memoria di Luigi Rossi,* Milano, Giuffrè 1952.贾里尼对规范自治(autonomia normativa)与制度自治(autonomia istituzionale)作出决定性的澄清。

〔24〕同上,特别是第208—209页。

〔25〕参见 A. Romano, voce *Autonomia del diritto pubblico,* in *Digesto-quarta edizione-Discipline pubblicistiche,* Torino, Utet 1987, vol.2, pp. 32-33。

〔26〕多年前(1985年),这曾是 L. 科恩·塔努吉(Laurent Cohen-Tanugi)一部书的书名:*Le droit sans l'Etat-Sur la démocratie en France et en Amérique,* Paris, P.U.F. 1985。

译后记

罗马法曾数次独领风骚,今天的罗马法系也正是在继受它的过程中历史地形成。然而,当今意大利法学最美的风景何处可寻呢?这个问题是十余年前初涉当代意大利法学的我最关心的。我也曾不厌其烦而不自觉地不断询问先行者,例如:您觉得意大利民法学研究做得最好的学者是谁,代表作是什么?当然,时至今日,我也仍处于寻找这一答案的过程中。这本小书则是这个过程中的第一个副产品。我期待它能成为我们寻访这片风景,乃至更宏阔的当代欧洲法学前沿风景时的"地图册"。

其实,早在武汉读研期间,因在业师徐涤宇教授指导下研读私法史,我就对同样持批判法律史立场的本书作者十二分感兴趣。二〇一三年元月,我以《罗马法与共同法》杂志编辑的身份,拜访本书作者保罗·格罗西教授,向他邀约关于共同法研究的稿子。教授原本长期任教于佛罗伦萨大学法学院,时任意大利宪法法院法官,我在他罗马的办公室里向他赠送了前几期杂志。他回赠我其代表作《中世纪法律秩序》一书。同时，他交给我其论述共同法的大作《无国家状态下的法》（见本书附录）一文，作为杂志第四期的主题论文之一。正是在那次会面中，我向教授表示自己正拜读本书，获益匪浅。教授说："该书虽是个小册子，但已经有好几个语言的译本。"我心想：当时我正以翻译的形式精读，也完全可以将之译为中文出版。于是向教授提议，教授也慨然应允。当年年底初稿译完后，这本小册子就一直躺在我的电脑里。后来我忙于博士论文的撰写、毕业、为稻粱谋，疲于应对，无暇他顾。

感谢"中意法学经典译丛"，让这本小册子开启了新的生命！感谢好友中国海洋大学李勤通先生为译文去除"翻译腔"提供的修订建议！感谢湖南大学民商法学研究生谭康、彭敏霞、李亚思、廖欣靥、李松霞与吴涛等认真校对译稿！

译者
二〇二三年春于长沙云栖路 297 号

著作权合同登记号　图字:01-2024-1804
图书在版编目(CIP)数据

　　法的第一课／（意）保罗·格罗西（Paolo Grossi）著；张晓勇译.—北京：北京大学出版社，2024.4
　　ISBN 978-7-301-34814-7

　　Ⅰ.①法… Ⅱ.①保… ②张… Ⅲ.①法学—基本知识 Ⅳ.①D90

　　中国国家版本馆 CIP 数据核字（2024）第 037754 号

Copyright © 2003, Gius. Laterza & Figli
In arrangement with Niu Niu Culture Limited

书　　　名	法的第一课 FA DE DI-YI KE
著作责任者	〔意〕保罗·格罗西（Paolo Grossi）著　张晓勇 译
责 任 编 辑	闫 淦　方尔埼
标 准 书 号	ISBN 978-7-301-34814-7
出 版 发 行	北京大学出版社
地　　　址	北京市海淀区成府路 205 号　100871
网　　　址	http://www.pup.cn　http://www.yandayuanzhao.com
电 子 邮 箱	编辑部 yandayuanzhao@pup.cn　总编室 zpup@pup.cn
新 浪 微 博	@北京大学出版社　@北大出版社燕大元照法律图书
电　　　话	邮购部 010-62752015　发行部 010-62750672 编辑部 010-62117788
印 　刷　 者	涿州市星河印刷有限公司
经 　销　 者	新华书店
	880 毫米×1230 毫米　32 开本　5.5 印张　118 千字 2024 年 4 月第 1 版　2024 年 4 月第 1 次印刷
定　　　价	46.00 元

未经许可，不得以任何方式复制或抄袭本书之部分或全部内容。
版权所有，侵权必究
举报电话：010-62752024　电子邮箱：fd@pup.cn
图书如有印装质量问题，请与出版部联系，电话：010-62756370